일상에서 흔히 사용하는 멘토링 개념을 비교적 쉽게 설명했다. 마치 이웃집 친구와 차 한잔 마시며 나누는 대화처럼 따뜻하고 진솔한 내용으로 가득하다. 내 마음이 그의 말을 듣고 있는지, 그를 주목하는지, 그에게 솔직한지, 그와 함께하는지를 돌아보게 하는 책이다. 온 마음으로 누군가의 말을 들어주는 사람은 그의 고유함을 발견하고 그것을 자라도록 도울 뿐 아니라, 일상 속에서 평범하지만 놀라운 일을 감당한다. 평범한 일상을 지루해하며 의미 없다고 여기는 사람들에게 일독을 권한다. 당신의 삶이 놓친 것이 무엇인지를 알게 해줄 것이다. 다른 이들의 친구가 되길 원하지만 주저하는 이들에게 이 책을 권한다. 당신의 주저함을 해소하는 좋은 안내자가 될 것이다.
김병년, 다드림교회 담임목사, 「난 당신이 좋아」 저자

래리 크랩은 전문적인 상담 치료사로 훈련받았지만 영적 여정을 거치면서 믿음의 공동체가 전문적인 상담 치료보다 훨씬 더 강력한 치유와 회복의 통로가 된다는 사실을 깨닫는다. 상담가의 치료보다 믿음의 형제자매로부터 받는 '영적 우정'이 더 중요하다는 말이다. 나는 이 책을 통해 대서양 건너편에서도 동일하게 울려 퍼지는 통찰과 지혜의 음성을 듣는다. 카린 아커만 슈톨레츠키는 전문적인 상담 치료사가 아니라 평범한 신앙인으로서 영적 우정을 통해 하나님의 치유와 회복이 서로의 삶에 깃들게 하는 길을 안내한다. 전문적인 내용을 평이하게, 어려운 문제를 재미있게 풀어쓰는 저자의 솜씨도 돋보인다. 진정한 믿음의 공동체를 꿈꾸는 사람들과 영혼을 돌보는 모든 사역자들이 읽어야 할 책이다.
김영봉, 와싱톤사귐의교회 담임목사, 「사귐의 기도」 저자

가정교회 초기에는 전문 상담가를 초청하여 강의를 들었다. 그런데 많은 것을 배웠다고 말은 하지만, 실제로 목장 사역에 적용하는 예는 별로 많지 않은 것을 발견하였다. 강의 내용이 너무 이론적이어서 그러지 않았나 싶다. 이처럼 상담 기술에 대한 아쉬움이 항상 있었는데, 목자들에게 구체적인 도움을 줄 수 있는 책이 나왔다. 독일의 여성 상담가 카린 아커만 슈톨레츠키가 저술한 「일상 상담」이다. 저자는 초대교회에서는 상담이 교인들 간에 자연스럽게 이루어졌으나 4세기부터 전문가의 전유물이 되었다고 말한다. 그러므로 크리스천 상담은 전문가의 도움 없이도 일상생활 가운데 자연스럽게 일어날 수 있고, 일어나야 한다고 주장한다. 이렇듯 이 책에는 목장 사역에 적용할 수 있는 지혜가 가득하다.
최영기, 휴스턴 서울교회 은퇴목사, 국제 가정교회 사역원 원장

서로 돌아보며 함께 성장해 가는 상담(相談)은 비단 전문 상담가들만의 몫이라 할 수 없다. 최고의 상담자이신 예수님을 따라 살고자 하는 그리스도인들은 모두 서로를 돌아보며 서로의 짐을 지는 사명(갈 6:2)을 갖기 때문이다. 일상에서 서로의 영혼을 돌보는 법을 소개하는 이 책은 수십 년간 이웃을 돌보는 '일상의 상담자'로 살아온 저자의 구체적인 경험과 사례들을 통해 우리가 지금 바로 실천할 수 있는 제안을 담고 있다. 내 곁에 있는 이웃, 가족, 동료들을 돌보고자 하는 모든 그리스도인들, 특히 소그룹이나 가정교회 리더들, 그리고 모든 아마추어 상담자들이 함께 읽고 실천하기를 권한다. 점차 분절화되고 각박해지는 현대사회에서 그리스도인들이 각자의 일상에서 서로의 삶과 영혼을 돌보는 사명을 감당한다면, 살아 있는 공동체성 자체로 그리스도를 증거하게 되리라 믿는다.
한영주, 한국상담대학원대학교 교수

일상
상담

IVP(InterVarsity Press)는
캠퍼스와 세상 속의 하나님 나라 운동을 지향하는
IVF(InterVarsity Christian Fellowship)의 출판부로
생각하는 그리스도인을 위한 문서 운동을 실천합니다.

The Original German edition was published as *Seelsorge am Küchentisch*
by Karin Ackermann-Stoletzky.
Copyright © 2008 R. Brockhaus Verlag
im SCM-Verlag GmbH & Co. KG, Witten, Germany.

Korean edition © Korea InterVarsity Press,
156-10 Donggyo-ro, Mapo-gu, Seoul 04031, Korea.

메마른 일상에서 서로를 돌보다

카린 아커만 슈톨레츠키

우리는 희망의 밝은 빛이
이 땅의 어둠 속을 뚫고 들어오는 공간을 만들고자 한다.
프리드리히 폰 보델슈빙

일러두기 본문의 성경 인용은 특별한 표기가 없는 경우 새번역을 사용하였습니다.

차례

1장 영혼을 돌보는 상담: 이웃을 만나다   11
2장 경청: 마음을 얻는 가장 중요한 기술   23
3장 심판과 판단: "나는 내가 아무것도 모른다는 것을 안다"   41
4장 멘토: 동행하며 격려하고 지원하는 사람   57
5장 상담: 자립을 위한 도움   75
6장 삶의 방향 잡기: 구체적인 목표 정하기   91
7장 동행하며 돕기: 서로 짐을 나눠 지기   103
8장 위기 때 서로 돕기   111
9장 위로하기: 슬픈 자와 동행하기   135
10장 하나님의 사랑 전하기   151
11장 나의 '일상 상담가' 자질은?   181

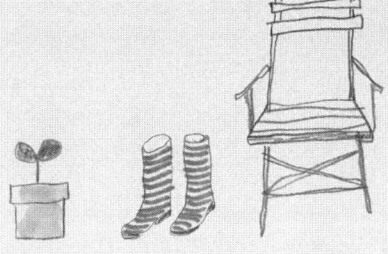

1장

영혼을 돌보는 상담

이웃을 만나다

서로 함께 서로를 위해

나는 '영혼을 돌보는 상담'을 일상에서 다양하게 경험했다. 식탁머리나 공원 벤치에서, 때로는 자동차 안에서, 또 어떤 때는 산책하는 동안 그런 경험을 하기도 했다. 그리고 예배와 가정 모임과 소모임 등에서 한 사람이 다른 사람을 위로하고 격려하며 기도해 주는 걸 목격하기도 했다. 그런 모임에서는 분명하고도 솔직한 충고로 실제적인 도움을 주는 인생 상담이 행해지는 걸 많이 보았다. 사실 그리스도인이라면 무엇보다 이렇게 서로를 돕는 상담을 주고받는 것이 당연하다. 교회 안의 형제자매와 이웃을 향해 눈과 귀를 열어 두는 것은 그리스도인이라면 마땅히 감당해야 할 역할이며 사명이다.

    나도 살면서 크고 작은 낭떠러지를 만날 때가 있었다. 그때마다 나와 함께해 주었던 사람들을 아직도 또렷이 기억한다. 지나온 날을 찬찬히 되돌아보니, 나를 격려하고 위로하고 때론 도전하면서 나와 동행해 주었던 사람들이 눈앞에 아른거린다.

    내 인생의 첫 '멘토'는 마리타였다. 어린 시절 나는 수줍음 많은 아이였는데, 그녀는 내 안에 있는 잠재된 재능을 발견하도록 도와주었고 하나님이 사랑이심을 자신의 삶으로 직접 보여 주었다. 십대 시절에는 발터 씨 부부가 격주 주말마다 나를 집으로 초대해 주었으며, 부르크하르트 씨 또한 내 청소년기에서 빼놓을 수 없는 주요 인물이다. 그는 당시 고등학생이었던 내가 전혀 생각해 보지 못한 여러 주제로 나를 이끌어 사고의 깊이와 넓이를 더해 주었을 뿐 아니라, 처음으로 내 이야기를 잡지에 쓰도록 격려해 주었다. 한편, 일제 부인은 좋은 리더의 모범을 보이며 내게 선한 자극과 도전을 주었다. 빌리는 두서없이 뒤죽박죽된 내 생각들을 성찰하고 정리할 수 있도록 수차례 빛나는 지혜를 발휘해 주었다. 한넬로레, 마그레트, 카롤라도 필요할 때마다 늘 내 곁에 있어 준 고마운 사람들이다. 마지막으로, 인간에 대한 새로운 이해의 폭을 넓혀 준 남편 키릴에게 고마움을 전한다. 사실 이들뿐 아니라 일일이 거론하지 못한 수많은 사람들이 늘 나와 함께해 주었다. 그들 중 자기가 내 영혼을 돌보고 있다는 사실을 의식하면서 도움을 베푼 사람은 아마 없었을 것이다. 그럼에도 그들은 분명 때마다 '내 영혼을 돌보는 일상 상담가'였다.

영혼을 돌보는 일이 목회자나 심리학에 능통한 전문가들에게만 맡겨진다면, 교회는 영혼을 돌볼 수 있는 여러 가능성과 기회를 제대로 활용하지 못하는 셈이다. 목회자 혼자 감당하기에 어려운 짐이 얼마나 많은가. 그것들 중에는 우리가 서로 예수님의 이름으로 도울 수 있는 일과 함께 나누어 질 수 있는 짐들이 있다. 넓은 의미에서 성경적인 '영혼 돌봄 사역'은 다른 사람의 신앙과 삶에 언제든 도움이 되고 싶은 마음과 은사가 있는 사람들을 통해 이루어진다. 한 사람이 모든 걸 다 할 수도 없고 해야 할 필요도 없지만, 우리 각자에게는 분명 삶의 다양한 영역에서 다른 사람의 영혼을 돌볼 수 있는 재능이 있다. 나는 그것을 '영혼을 돌보는 일상 상담'이라고 부른다.

신약 성경에서 이 일은 '서로'라는 말을 통해 강조된다. 다음 말씀들은 모두 '영혼을 돌보는 일상 상담'을 쌓아 올리는 다양한 벽돌이라 할 수 있다.

- 서로 순종하라! : 여러분은 그리스도를 두려워하는 마음으로 서로 순종하십시오(에베소서 5:21).
- 서로 사랑하라! : 여러분이 처음부터 들은 소식은 이것이니, 곧 우리가 서로 사랑해야 한다는 것입니다(요한일서 3:11).
- 서로 존경하라! : 형제의 사랑으로 서로 다정하게 대하며, 존경하기를 서로 먼저 하십시오(로마서 12:10).
- 서로 돌아보고 권면하라! : 그리고 서로 마음을 써서 사랑과 선한 일을 하도록 격려합시다. 어떤 사람들의 습관처럼, 우리는 모이기를 그만두지 말고, 서로 격려하여 그 날이 가까워 오는 것을 볼수록, 더욱 힘써 모입시다(히브리서 10:24-25).
- 서로 받아들여라! : 그러므로 그리스도께서 하나님의 영광을 드러내시려고 여러분을 받아들이신 것과 같이, 여러분도 서로 받아들이십시오(로마서 15:7).
- 서로 죄를 고백하라! : 그러므로 여러분은 서로 죄를 고백하고(야고보서 5:16).
- 서로 용서하라! : 서로 친절히 대하며, 불쌍히 여기며, 하나님께서 그리스도 안에서 여러분을 용서하신 것과 같이, 서로 용서하

십시오(에베소서 4:32).

- 서로 충고하라! : 형제 여러분, 나는 여러분이 더할 나위 없이 마음이 너그럽고 지식이 풍부하여 서로 충고할 만한 능력이 있다고 확신합니다(로마서 15:14, 공동번역).

이와 같이 우리는 서로를 위해 옆에 있어 주고, 서로의 말을 경청하고, 서로에게 배울 수 있다. 우리 모두는 서로 돕고, 지지하고, 건설적으로 충고하고, 하나님께 더 가까이 다가가도록 격려할 수 있으며, 마땅히 그래야 한다. 모두가 서로 주고받을 것이 있기 마련이다.

> **생각해 볼 질문**
> 지금껏 살아오면서 당신의 영혼을 돌봐 준 사람들은 누구였는가?
> 당신의 삶과 신앙을 형성하는 데 결정적인 영향을 미친 사람들은 누구인가?
> 지금 당신을 필요로 하는 사람은 누구인가?
> 당신은 지금 누구의 영혼을 돌보고 있는가?

영혼을 돌보는 일은 사람을 돌보는 일이다

성경에 따르면, 사람은 영으로만 이루어진 존재가 아니다. 영·혼·육이 하나를 이룬 존재다. 영혼을 돌보는 일은 신학자 폴 틸리히(Paul

Tillich)의 말을 빌리면 어떤 식으로든 '무조건 사람을 돌보는' 일이다.

'영혼을 돌보는 상담'이라는 뜻의 독일어 '젤조르게'(Seelsorge: Seele는 영혼, Sorge는 돌봄)는 원래 기독교적 근원을 가진 말이 아니다. 예를 들어, 그리스 철학자 플라톤은 자신의 철학을 '영혼을 돌보는 일'(Seelsorge)로 이해했고, 사람들에게 부와 명예만을 추구할 것이 아니라 "자신의 영혼을 돌보라"고 설파했다. 플라톤은 영혼을 육체 안에 갇혀 있는 것으로 보았다. "육체는 영혼의 무덤이다.…영혼은 육체에 묶여서 육체와 하나로 살기 때문에, 현실을 영혼만의 시각으로 자유롭게 보지 못하고 육체라는 창살을 통해 볼 수밖에 없다."

플라톤뿐 아니라 다른 여러 철학자들도 육체는 영혼이 벗어나야 할 감옥이라 여겼다. 기독교적 가치관 역시 오랫동안 영혼은 '육체 안에 갇혀 있다'는 개념에 뿌리를 두고 있었다. 이처럼 인류 역사상 육체는 우리가 너무 많이 신경 써서는 안 되는, 거추장스러운 짐처럼 여겨지는 경우가 많았다.

성경에는 원래 '영혼 돌봄'이라는 단어 자체가 없다. 영혼에 대한 개념으로는 주로 '호흡, 생명, 마음, 자신, 사람, 중심' 등이 사용된다. 구약에서 루터가 주로 '영혼'(Seele)이라고 번역한 히브리어 '네페쉬'(nephesh)의 원뜻은 '목숨' 또는 '생기'다. 이 개념에 따르면 사람은 영혼을 '갖고' 있는 것이 아니라 영혼'이다.' 다시 말해, 영혼 그 자체다. '영혼'은 다름 아닌 '목숨'이며, 살아 있는 유기체를 죽은 것과 구분하는 '호흡'이다. 이는 창세기에도 분명히 나타난다. 마르틴 루터(Martin

Luther)는 창세기 2장 7절을 이렇게 번역했다. "그러므로 하나님이 사람을 살아 있는 영으로 만드셨다."

영혼은 하나님께로부터 온다. 영혼은 모든 피조물이 그렇듯 살아 있는 동시에 점점 자라 가는 것이며, 외부로부터 영향을 받아 변해 가는 것이다. 사람은 영혼을 함부로 상하게 할 수도 있고, 마구 짓밟을 수도 있으며, 잘 돌볼 수도 있다. 사람은 자기 영혼을 '잃을' 수도 있지만(참고. 마태복음 16:26) '건강하게' 만들 수도 있다. 따라서 성경은 영혼을 플라톤 철학처럼 육체와 분리된 것으로만 보지 않고 훨씬 더 포괄적으로 이해한다.

"육체는 영혼을 눈에 보이는 것으로 옮겨 놓는 번역가다."
–크리스티안 모르겐슈테른

'영혼을 돌보는 상담'이라는 단어가 성경에 직접 나오지는 않지만, 성경은 이 주제를 매우 중요하게 다룬다. 무엇보다 예수님이 몸소 영혼을 돌보는 상담이란 무엇을 뜻하는지에 대해 최고의 모범을 보여 주셨다. 예수님은 다른 사람들의 곤궁, 슬픔, 질병, 고통, 죽음 등 삶에서 겪는 문제들을 직접 언급함으로써 중요한 문제로 인식하게 하셨고, 그들이 그 문제를 극복하고 더 나은 삶을 살도록 도와주셨다. 또한 하나님이 그들을 어떻게 사랑하시는지 직접 삶으로 보여 주셨다. 그분을 따르는 제자인 우리도 예수님처럼 다른 사람을 격려하고 위로하며(참고. 사도행전 14:22; 로마서 1:11), 불쌍히 여기고(참고. 누가복음 9:36), 충고하며(잘못된 방향으로 가고 있다고 느낄 때 솔직하게 지적해 주고; 참고. 로마서 12:1, 8; 고린도후서 6:1) 바로잡아 줄(참고. 갈라디아서 6:1) 책임과 의무가 있다. 특히 교회의 장로들에게는 영혼을 돌보는 다양한 임무가 주어진다. 예를 들어, 야고보서 5장 14절 이하는 장로들에게 교회의 지배자가 아니라 책임 있는 지도자로서 교회 안의 아픈 사람과 임종을 앞둔 사람들을 찾아가서 돌봐줄 것을 요구한다. 사도행전 역시 서로 '영혼을 돌보는 것'은 교회 생활의 중요한 구성 요소임을 보여 준다. 비그리스도인들마저 교회의 구성원들이 '서로 사랑한다'는 것을 알게 될 정도로 이런 특징들은 교회 밖으로도 분명히 드러났다.

이와 같이 '영혼을 돌보는 일'은 초대교회 때부터 신자들 사이에서 매우 자연스럽고도 분명하게 행해진 일상적인 일이었다. 그럼에도 불구하고 '영혼을 돌보는 상담'이라는 개념과 '영혼을 돌보는 상담가'라는 전문적인 역할은 주후 4세기가 되어서야 비로소 교회사에 등장했다. 옛 구조가 더 이상 유지되지 않으면 새로운 구조가 생겨나기 마련이다. 처음에는 지극히 자연스럽게 서로 돌아보며 도움을 주고받던 것이 더 이상 자연스럽게 행해지지 않았기 때문에, 어쩔 수 없이 공식적으로 그 일을 감당하는 역할이 도입된 것으로 보인다.

영혼을 돌보는 상담은 신앙과 삶을 돕는다

'영혼을 돌보는 상담'이란 가장 넓은 의미에서 '서로 돌아보는 것'으로 이해할 수 있다. 속 썩이는 자식을 다루는 부모 중 일부는 "나 없이 넌 절대 그걸 해낼 수 없어"라는 식의 태도를 취한다. 그러나 다른 사람의 영혼을 돌보는 상담이란 이렇게 '위에서 아래로' 취하는 일방적인 조치와는 거리가 멀다. 그것은 온전히 마음을 쓰며 보살피고 돌봐 주는 것이다.

> "영혼을 돌보는 상담은, 모든 영혼이 얼마나 여리고 상처받기 쉬우며 저마다 독특하게 창조된 아름다운 한 송이 작은 꽃과 같은지를 알아가는 것이다. 그리고 그들의 영혼에 심연이 자리잡고 있다는 걸 인식하는 것이다. 또한 그 모든 영혼에게 신뢰를 바탕으로 한 어루만짐이 얼마나 절실하게 필요한지도 아는 것이다."
> –하이너 슈타우프

영혼을 돌보는 상담은 일상에서 서로의 신앙과 인격이 자라가도록 돕는 것이다. 그렇다면 이것은 사람들이 서로에게 행하는 다른 형태의 도움과는 어떻게 다를까? 영혼을 돌보는 상담가란, 상대방의 말에 귀 기울여 주고, 그를 존중하면서도 실수를 바로잡아 주고, 그를 위해 함께 기도해 주는 모든 사람이다. 또한 상대방에게 문제가 있을 때 못

본 척하지 않고, 그가 힘들고 약할 때 찾아와 주고, 신앙이 흔들릴 때는 지지해 주고 이끌어 주는 모든 사람을 말한다. 그런 사람이 바로 영혼을 돌보는 사람이다.

이런 상담은 일상에서 대화 형태로 행해질 수도 있고, 전문적인 치료의 성격을 띨 수도 있다. 또한 간접적으로 도전과 자극을 주는 방식으로 행할 수도 있고, 직접적이고 실제적인 도움을 줄 수도 있다. 이때 대화에 참여하는 이들의 신앙은 기독교적 측면에서 중요한 역할을 한다. 그렇다고 믿는 자들만이 상담 대상이 된다는 뜻은 아니다. 오히려 영혼을 돌보는 일상 상담의 대화를 통해 한 번도 예수를 믿은 적이 없는 사람들이 예수님과 개인적이고 인격적인 관계를 맺도록 이끄는 것이야말로 바로 이 상담의 본질이다.

기독교적 상담이라고 해서 반드시 '경건한 어휘'를 써야 할 필요는 없다. '예수'라는 말을 자주 쓴다고 해서 '거룩한 상담가'가 되는 것도 아니다. 정말 중요한 것은 상담가가 하나님과 친밀한 관계를 맺고, 신앙에 관한 문제에 대해서 언제나 대답할 준비가 되어 있는 것이다.

살다 보면 사람으로서 그리고 그리스도인으로서 홀로 감당하기 힘든 상황에 부딪칠 때가 있다. 그럴 때 누군가와 함께 교회 문 앞에 서서 또는 편하게 집 안 식탁에 앉아서 그 문제에 대해 대화하며 다시금 하나님과의 관계를 분명히 다지고 녹록치 않은 삶의 문제들을 풀어 갈 수 있다.

삶의 위기를 만났을 때 대부분의 경우 곧장 '전문적인' 도움이 필요한 건 아니다. 그저 나를 향해 활짝 열린 귀와 짐을 나눠 들어 줄 수 있는 손이면 족하다. 일상 상담이란 위기와 갈등, 질병과 슬픔, 믿음과 의심 가운데 처한 이들의 일상 속에 함께해 주는 것이다. 그리고 이런 상담은 출생, 결혼, 죽음 같은 굵직한 삶의 전환점에서 중요한 역할을 한다. 이 모든 경우에 영혼을 돌보는 일상 상담의 목적은 신앙을 구체적인 삶 속에 실천할 수 있도록 서로 돕는 것이다.

이렇게 삶의 현장 속에서 누군가와 동행하며 영혼을 돌보는 상담은 짧은 기간 동안 이루어질 수도 있지만 때론 긴 세월로 이어지기도 한다. "우리가 자신과 자기만의 세계에 갇혀 있지 않고 다른 사람을 돌아볼 때 빗방울 하나가 떨어져 사막을 정원으로 만든다"는 노래 가사처럼, 서로의 메마른 일상에 '물 주는 작업'에 대해 이 책에서 함께 생각해 보고 싶다. 이제 사람들을 만나러 가 보자!

2장

———

경청
마음을 얻는 가장 중요한 기술

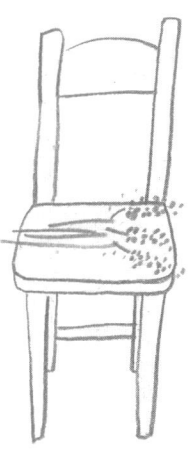

열린 귀

일상에서 나를 향해 활짝 열린 귀가 있다면! 이는 많은 사람들이 간절히 원하는 것이다. 스스로에게 한번 물어보라. "나는 잘 들을 줄 아는 사람인가?" 기꺼이 자기 시간을 내서 다른 사람의 이야기를 귀 기울여 듣는 이들은 이 세상에서 매우 중요한 일을 하고 있는 것이다. 그 이야기가 반드시 심각하고 어려운 문제일 필요는 없다. 그저 평범한 일상 가운데 누군가를 만나서 자신의 생각과 감정을 나눌 수 있다는 것 자체가 큰 복이며, 그런 도움을 주는 사람은 누구든 일상 상담가라고 부를 수 있다. 그러한 복을 경험한 안네 마틴의 이야기를 들어보자.

보물찾기

언젠가 이런 문장을 읽은 적이 있다. "당신이 어떤 말을 하든 속으로 이리저리 판단하지 않고 자기 생각을 강요하거나 가르치려 들지 않는 사람, 당신을 이해하려고 애쓰며 당신 말을 진지하게 들어주는 사람을 찾았다면, 당신은 진정 보물을 발견한 것이다!" 이제 내가 그런 보물을 만났던 이야기를 나누고 싶다. 스물일곱 살 때 나는 제대로 되는 게 하나도 없었다. 신앙도, 직업도, 사랑도…모든 것이 혼란스럽고 엉망진창이었다.

하지만 내가 다니던 교회에서는 아무도 그런 사실을 몰랐다. 친구들조차 그저 부분적으로만 내 상황을 알 뿐이었다. 당시 나는 어린이 주일학교를 맡고 있었는데, 주위에선 모두 나를 쾌활하고 자신감 넘치는 사람이라고 생각했다. 그러나 사실 내 속마음은 그런 외부의 평가와 정반대로 바닥을 치고 있었다.

교회에는 내가 아주 좋아하고 신뢰하는 부인이 한 명 있었는데, 그녀는 무척 따뜻하고 온유하며 친절한 사람이었다. 그러나 낡고 작은 집에서 고양이 일곱 마리와 개 두 마리와 함께 살고 있어서 약간 괴팍한 노인처럼 보이기도 했다. 어느 날 주일 예배가 끝난 후, 나는 교회 식당 한쪽 구석에서 혼자 커피를 마시고 있는 그녀를 발견하고 다가가 앉았다. 우리는 잠시 이런저런 이야기를 나누었다. 그러던 중 그녀는 나를 유심히 살피더니 다정하게 물었다.

"그래, 요즘 대체 어떻게 지내는 거야?"

"잘 지내요! 부인은 어떠세요?"

"난 지금 정말 좋아. 평소에는 몸이 여기저기 아팠는데 오늘은 전혀 아프지 않아. 내가 키우는 동물들도 다 건강하고, 오늘 예배에서도 은혜를 많이 받았지. 게다가 지금 여기서 너와 이렇게 이야기를 나눌 수 있으니 얼마나 좋은지. 내가 너를 정말 좋아하는 거 알지? 넌 언제나 생기 넘치고 밝은 사람이지. 그런데 지난주에 보니 뭔가 근심이 있어 보이더구나. 괜찮다면, 무슨 문제인지 나한테 이야기해 줄래? 도움이 되고 싶어서 그래."

그 순간 갑자기 눈물이 터져 나왔다. 그녀는 얼른 몸을 돌려 다른 사람들의 시선에서 나를 가려 주었다. 그러고 난 후 나를 가만히 바라보며 말했다. "그래, 무슨 걱정 있어? 말하고 싶지 않다면 하지 않아도 돼. 물론 네가 원한다면 어떤 이야기라도 들어줄 거야."

이날 나는 그녀와 한참 동안 이야기를 나누었고 밤늦게야 집으로 돌아왔다. 그 후로도 누군가와 이야기를 나누고 싶을 때면 나는 언제나 이 나이 지긋한 벗을 찾아갔다. 그러면 그녀는 차와 쿠키를 준비해 놓고(손가락도 심심하지 않고 몸과 마음도 훈훈해지도록!) 내 말을 경청해 주었다. 나를 향해 활짝 열린 귀와 눈과 마음, 그것이 사람을 접대하는 그녀의 기본 메뉴였다. 그녀는 내게 충고는 거의 하지 않았지만 가끔 이런 질문을 던졌다. "그럴 땐 어떤 기분인데?" "상황이 어떻게 될 것 같니?" "넌 어떻게 하고 싶어?" "예수님이라면 어떻게 하실까?"

그녀의 이런 질문들은 나 스스로를 다시 한 번 돌아보는 데 도전과 자극이 되었다.

그녀는 내게 새로운 꿈을 불어넣어 준 보물 같은 존재다. 나도 그녀처럼 정말 제대로 경청해 줄 줄 아는, 누군가의 보물이 되고 싶다.

-안네 마틴

우리는 늘 뭔가를 듣고 있지만, 의식적으로 귀 기울여 듣는 경우는 그리 많지 않다. 경청이란 내게 전달되는 내용에 진지한 관심을 갖고 적극적으로 참여한다는 뜻이다. 경청하는 법을 가르쳐 주는 기술도 있지만, 상대방이 말하는 내용보다 자기 할 말에 더 신경 쓰는 한, 그 어떤 기술과 방법을 총동원한다 해도 결코 훌륭한 경청자가 될 수 없다.

경청의 가장 중요한 기술은 자신의 '경청 능력'에 집중하는 것이 아니라 '상대방의 말'에 집중하는 것이기 때문이다!

어린 모모가 그 누구보다 잘했던 것이 바로 경청이었다. 그러면 이렇게 말하는 독자들이 있을지도 모르겠다. "그건 누구나 다 할 수 있는 거잖아. 전혀 특별한 게 아니라고!"
 하지만 그건 착각이다. 정말 제대로 경청할 줄 아는 사람은 극소수에 불과하다. 게다가 모모처럼 잘 경청할 수 있다는 건 정말 특별한 능력이다. 모모는 사람들의 말에 귀 기울여 듣는 능력이 어찌나 탁월했던지, 모모와 대화를 나누는 사람은 아무리 어리석을지라도 스스로 지혜로운 생각을 떠올릴 수 있었다. 모모가 뭔가 조언을 하거나 질문을 잘해서가 아니었다. 그냥 곁에 앉아서 온 마음을 다해 들어주었을 뿐이다. 모모가 크고 까만 눈으로 가만히 바라보고 있노라면, 상대방은 자기 속에 있으리라곤 짐작도 못했던 멋진 생각들이 불쑥 떠오르는 걸 느꼈다. 어찌할 바를 모르고 절망했던 사람들은 갑자기 해야 할 일을 분명히 깨달았고, 낙심했던 사람들은 다시 용기를 얻었다. 마음이 어둡고 짓눌려 있던 사람들은 희망과 기쁨의 빛을 보았다. 이제 삶이 끝장났다고, 자신은 세상에 있으나마나 한 존재라고 여겼던 사람들은 어린 모모에게 모든 걸 털어놓는 동안, 희한하게도 자신의 생각이 얼마나 잘못되었는지 깨달았다. 자신은 이 세상에 단 하나뿐인 독특한 존재, 이 세상에 없어서는 안 될 소중한 존재라는 사실을 다시금 또렷이 깨닫는다. 그것이 바로 모모의 경청이 만들어 낸 기적이다!
—미하엘 엔데, 「모모」(Momo) 중에서

경청은 헌신이다

누군가의 말을 경청한다는 것은 상대방에게 자신을 오롯이 바치는 행위다. 우리는 대화를 건성으로 하는 경우가 많다. 텔레비전을 보거나 다림질을 하면서 혹은 딴생각을 하면서 대충 반응할 때가 많다. 그저 단순한 정보를 전달하거나 스쳐 지나가는 만남이라면 그럴 수도 있다. 하지만 상대의 말을 제대로 경청하는 데는 헌신이 필요하다. 그리고 내가 정말 경청하는지 아닌지 상대방은 정확하게 알아챌 수 있다. 내가 취하는 태도, 표정, 시선에서 드러나기 마련이다. 하던 일을 멈추고 상대방 쪽으로 몸을 돌린 채 바라보는 행위는 "지금 나는 당신에게 집중하고 있다"는 신호다. 그런 외적 헌신은 "이 순간 내게는 당신이 다른 어떤 것보다 중요하다"는 메시지를 상대방에게 전달한다. 그것은 다른 말로 '분산되지 않은 주의'(undivided attention)다. 발달심리학자들은, 사람은 상대방이 자신에게 '분산된' 주의를 기울이는지 '분산되지 않은' 주의를 기울이는지 매우 분명하게 구분할 수 있다고 말한다.

그렇다면 단순한 듣기, 피상적 경청, 진정한 경청의 차이점에 대해 다시 한 번 살펴보자.

단순한 듣기

귀 기울이지 않는 단순한 듣기란 대화 상대자보다 자신의 생각이나 외부 상황에 더 많은 주의를 기울이는 것이다. 이런 유의 사람들은 상대방의 이야기를 건성으로 들으면서 자신이 끼어들 적당한 지점을 찾는 데에만 신경을 쓴다.

피상적 경청

피상적 경청이란 진심으로 경청하지 않고 대충 들으면서 대화의 흐름을 따라가긴 하지만 상대방이 정말 말하려는 것이 무엇인지 알아내려고 애쓰지 않는 것이다. 겉으로 보기에 다른 일을 하지는 않지만, 마음과 태도는 대화에 완전히 몰두하지 않은 상태. 이러한 유의 사람들은 주로 소극적으로 들으면서 상대방의 말이 끝나기만을 기다린다.

진정한 경청

제대로 된 경청은 대화 상대자에게 모든 주의를 집중해서 그가 하는 말뿐 아니라 어감, 눈빛, 몸짓 하나까지 놓치지 않기 위해 적극적으로 노력하는 행위다. 이런 유의 사람들은 취할 수 있는 모든 태도와 반응을 통해 "지금 내게는 당신과 함께하는 이 대화가 그 무엇보다 더 중요하다"고 말한다.

우리에게 가장 중요한 시간은 지금 이 순간이다. 우리가 영향력을 행사할 수 있는 것은 오직 지금 이 순간뿐이기 때문이다.

우리에게 가장 소중한 사람은 지금 우리가 만나고 있는 사람이다. 이후에 또 그를 어떻게 만날지 아무도 모르기 때문이다.

우리가 해야 할 가장 중요한 일은 지금 만나고 있는 사람에게 사랑을 베푸는 것이다. 바로 그 일을 위해서 우리는 세상에 태어났기 때문이다.

-레오 톨스토이

경청은 헌신이며, 상대방에게 자신을 쏟아붓는 것이다. 경청하는 사람은 상대방의 모든 것을 알아차리고자 온 주의를 집중한다. 하루쯤 날을 정해서 시험해 보라. 당신의 배우자, 자녀, 동료 또는 가게의 종업원, 당신이 오늘 만나는 사람들에게 '분산되지 않은 주의'를 기울일 때 무슨 일이 일어나는지를! 예를 들어, 직장 동료에게 서류를 아무런 말 없이 건네기보다는 그에게 몸을 돌려 얼굴을 쳐다보면서 전해 주라. 종업원에게도 눈을 맞추며 고맙다 말하고, 교회에서 예배를 마친 뒤 눈을 내리깔고 도망치듯 빠져나오는 대신 만나는 사람들에게 눈을 맞추며 인사를 건네 보라. 예상치 못한 흥미진진한 결과가 일어날 것이다. 누군가에게 하루 20분씩 분산되지 않은 주의를 기울이는 것은 관계를 건강하게 유지시키는 최고의 방법이라는 연구 결과가 있다. (심지어 이 20분을 연속적으로 쓰지 않고 여러 만남 가운데 짧게 나누어 써도 효과는 동일하다고 한다!) 자, 그러니 이제 경청을 실천해 보자!

실천해 봅시다

십 대 시절, 손목의 시곗줄에 "예수님이라면 어떻게 하실까?"라는 문구를 새겨 다니는 게 한때 유행이었다. 시계를 볼 때마다 이 질문을 떠올리면서 생각과 행동을 점검해 볼 수 있었다. 성경은 우리가 대접받고 싶은 대로 상대방을 대접하라고 요구한다. 심지어 우리 자신보다 상대방을 더 낫게 여기라고 명령한다.

다음 사항을 한번 진지하게 실천해 보라. 하루 세 번씩 스스로에게 이렇게 물어보는 것이다. 가족, 친구, 동료, 이웃, 고객, 교회 식구 등 오늘 만나는 사람들에게 나는 온 관심을 기울여 진심으로 대하는가?

온 관심을 기울인다고 해서 상대방이 원하는 대로만 해주거나 그들에게 굽실거리며 비위를 맞추라는 뜻이 아니다. 온 관심을 기울인다는 것은 상대방을 진지하게 받아들이고 이해하려고 애쓰는 태도다. 자신이 하던 일을 잠시 멈추고 그들에게 눈을 맞추며 귀 기울여 듣는다는 뜻이다. 그럼으로써 섣불리 상대방을 판단하지 않고 분명하되 열린 마음과 호의적인 자세로 대한다는 뜻이다.

경청자는 상대방이 말하게 한다

끈기를 갖고 상대방에게 귀를 기울이라. 서둘러서 그의 말을 자르려 들지 말라. 대화는 대답으로 시작되는 게 아니다.
−「아라비안나이트」 중에서

극과 극의 경험

젊은 시절 나는 그리스도인이었지만 한동안 '구원의 확신' 문제로 심각한 고민에 빠진 적이 있다. 내가 하나님과 충분히 가까운 관계인가, '구원받았는가'에 대한 확신이 없었다. '만약 마지막 날 마지막 순간이 불현듯 닥쳤을 때 내가 뭔가 죄를 저질렀는데 아직 회개하지 않은 상태라면 어떻게 될까?' 상상 속에서 벌어지는 최악의 시나리오는 휴거였다. 다른 교인들은 예수님이 다 데려가셨는데 나만 남겨지면 어떻게 해야 하나. 주일에 텅 빈 교회 안에 나만 덩그러니 남아 우두커니 서 있는 모습을 자주 상상했다. (상상 속 가장 큰 고민거리는 우습게도 이 상황을 다른 사람들에게 어떻게 설명할까 하는 것이었다. 나를 그리스도인으로 알고 있는 사람들은 내가 아직 이 땅에 남아 있다는 사실에 분명 깜짝 놀랄 것이므로!) 이런 고민을 여러 그리스도인들과 솔직히 나눠 봤지만, 기껏해야 일시적 위안만 얻을 뿐 내 불안에 마침표를 찍을 만한 궁극적인 해결책은 얻을 수 없었다.

그러던 어느 날, 내가 사는 마을과 가까운 곳에서 이 주제로 아주 유명한 미국 출신 복음 전도자가 와서 설교한다는 소식을 들었다. '거기 가면 혹시 구원의 확신 문제에 대한 답을 얻을 수 있을까?' 나는 부푼 기대감으로 그 집회를 찾아가서 개인 면담까지 신청했다. 면담실에서 그 설교자는 내게 구원의 확신이 있느냐고 물었다. 내가 아니라고 대답하며 내 문제를 이야기하려고 하자 그는 즉시 말꼬리를 자르며 다시 이렇게 물었다.

"당신은 예수님을 믿기로 결단했나요?"

"예, 하지만…."

"좋아요. 그 결단이 진실하고 참됩니까?"

"음, 그런 것 같아요."

"그렇습니까, 아닙니까?"

"그, 그래요."

"당신은 예수님이 당신을 모든 죄에서 구해 주실 만큼 충분히 강하다는 사실을 믿습니까?"

"예, 하지만…."

"그렇다면 당신은 이제 구원의 확신을 얻은 겁니다."

"아니, 저, 그런데…."

이런 식의 질문과 대답 게임은 결국 내가 대화를 포기하고 절망감을 느끼며 이렇게 외칠 때까지 거듭 되풀이되었다. "예, 이제 확신해요. 정말 감사합니다!" 그러고 나서 나는 도망치듯 그곳을 빠져나왔다. 그 뒤 내가 다른 그리스도인과 다시 이 주제로 이야기를 나누기까지는 몇 년이 걸렸다. 그 대화를 다시 나눈 사람은 나이가 지긋한 분이었는데, 지난번의 복음 전도자와는 사뭇 다른 방식으로 대화가 진행되었다. 처음에 그는 나를 위해 함께 조용히 기도하자고 제안했다. 우리는 잠시 눈을 감은 채 그저 침묵 속에 잠겨 있었다. 잠시 후 그가 이렇게 기도했다. "사랑하는 아버지, 당신은 우리 마음을 훤히 보십니다. 오늘 이 대화에 함께하심에 감사드립니다. 카린의 질문과 그 답들을 이미

다 알고 계심에 감사드립니다. 또한 우리를 향한 당신의 사랑과 관심과 도우심에 감사드립니다." 그러고 나서 나를 향해 시선을 돌리더니 다음 말로 대화를 시작했다. "자, 이제 당신의 말을 한번 들어봅시다. 마음속에 있는 것들을 다 얘기해 봐요." 내가 이야기를 쏟아 놓는 동안 그는 가끔씩 질문을 던졌는데, 그의 질문은 내 생각을 점점 더 깊고 넓은 차원으로 이끌어 갔다. 그는 "당신은 예수님을 믿기로 결단했습니까?"와 같은 단순한 질문은 하지 않았다. 오히려 이렇게 물었다. "그건 어떤 상황이었나요?" "그때 당신은 무슨 생각을 했고 어떻게 느꼈나요?" "당신이 진정 두려워하는 게 무엇인가요?"

그는 내 말을 오랫동안 집중해서 들으면서 내가 스스로 생각할 수 있는 좋은 질문들을 던졌고, 대답할 충분한 시간을 주었다. 그러고 나서는 내 마음속 깊이 와 닿는 중요한 말을 했다. "카린, 당신은 자신에게 상당히 회의적인 것처럼 보여요. 주님을 향한 신뢰나 신앙의 깊이, 진실함에 대해서 당신은 확신이 없는 것 같아요. 하나님은 그것을 아십니다. 그럼에도 불구하고 하나님은 당신을 사랑하세요. 카린, 당신은 구원받기 위해서는 모든 것을 제대로 해야 한다는 강박관념에 사로잡혀 있는 것처럼 보여요. 당신은 그 점에서 하나님을 오해하고 있어요! 당신이 배에서 떨어져 바다에 빠졌는데 누군가 구명튜브를 던져 준다고 생각해 보세요. 그러더니 그가 이렇게 소리치는 거예요. '당신이 잘못을 저지르지 않은 만큼만 구명튜브의 줄을 꽉 잡고 있을 겁니다. 그러니 어서 당신 잘못을 정확히 말해 봐요.' 하나님이 그런 분일까요? 하나님은 절대 그렇게 하시지 않습니다! 우리가 바다에 빠졌을 때 하나님은 구명튜브만 던져 주신 게 아니에요. 그분 자신이 직접 물속으로 뛰어드셨어요! 당신은 하나님의 품에 안겼으니 이제 모든 걸 그분께 맡겨야 해요. 하나님은 당신을 어떻게 구할지 알고 계십니다! 그분을 믿어도 돼요. 물론 두려움이 몰려올 때가 있겠죠. 그 두려움은 한 번으로 끝나는 게 아니라 언젠가 또다시 몰려올 거예요. 그리고 그렇게 쉽사리 물러가지도 않을 거고요. 그때마다 예수님께 이렇게 말씀드리세요. '예수님, 저를 구해 주세요. 저 스스로는 해결할 수 없어요!'"

내 말을 진지하게 경청해 주고, 사려 깊은 질문들을 던져 주고, 내가 마음껏 말할 수 있도록 배려해 준 이 대화로 인해 나는 마침내 내 문제에 대한 해답을 얻었다.

우리는 상대방이 무슨 말을 하려는지 이미 다 알고 있다고 생각할 때가 많다. '첫마디만 들어봐도 뻔해.' 그러나 이런 식의 추측은 혼자만의 착각에 그칠 때가 많다. 우리는 상대방이 하는 말만 들을 수 있을 뿐, 그의 생각은 꿰뚫어볼 수 없다. 뿐만 아니라 우리의 생각과 감정은 듣는 것에 좌우되기 마련이기 때문이다.

> **실천해 봅시다**
>
> 누군가와 대화를 나눌 때, 자신이 상대방의 말을 정말 제대로 이해하고 있는지 잘 살펴보라. 예를 들어, 다음과 같이 당신이 이해한 바를 상대방에게 확인해 볼 수 있다.
>
> "지금 당신이 한 이야기를 나는 이렇게 이해하고 있는데 내가 제대로 이해했나요?"
>
> "그러니까 당신은 마치…처럼 느낀다는 거로군요."
>
> "그건 이렇다는 말인가요?"

경청은 '적절한 대답'을 해주려는 강박에서 자유롭게 만든다

예수님은 사람들의 마음속을 훤히 들여다보셨기에 매번 상대방의 '마음에 가 닿고' 상대방의 마음을 헤아리는 말을 찾아내셨다. 그러나 대부분의 사람들은 그렇게 하지 못한다. 특히 힘겨운 대화를 할 때는 상대의 마음속 깊은 곳까지 가 닿기가 더욱 어렵다. 그러나 혼자서 속으로 똑똑한 대답을 찾느라 골몰하는 대신, 상대방의 말에 온 관심을 기울이며 그를 제대로 이해하고자 애쓸 때 정말 '적절한' 대답을 할 수 있었다. 나는 여러 차례 그것을 경험했다.

<u>적절한 말</u>

우리 옆집에는 젊은 부부가 살았다. 우리 부부는 그 가족과 썩 친하진 않았지만 '그럭저럭 좋은 이웃 관계'를 맺고 있었다. 이를테면 아내와 그 집 부인은 정원 일을 하다가 가끔 울타리 너머로 대화를 나누는 사이였고, 중요한 교회 행사가 있을 때 그 가족을 몇 번 초대하기도 했다. 그러던 어느 날 옆집 부인이 갑작스러운 사고로 심하게 다쳤다. 다른 이웃처럼 우리도 그 문제에 어떻게 대처해야 할지 몰라 몹시 당황스러웠다. 이제 앞으로 이웃집 남자를 어떻게 대해야 할지, 그에게 어떤 도움을 줄 수 있을지 우리 부부는 머리를 맞대고 고민했다. 하나님은 왜 이런 일이 일어나도록 허락하셨느냐고 혹시라도 그가 물으면 어떻게 대답해야 할까? 만약의 질문에 어떻게 답해야 할지 몰라서 나는 그 사람과 부딪치는 것을 꺼렸다.

그러던 어느 날, 집을 나서다가 길 건너편에 서 있는 그 남자를 보고 말았다. 마음 같아선 그냥 멀찍이서 눈인사만 건네고 가 버리고 싶었지만 차마 그러질 못하고 용기 내어 길을 건너 그에게 다가갔다. "아내 분이 다치셨다는 소식을 들었어요. 어떻게 그런 일이 다 있는지! 그래, 부인은 좀 어떠신가요? 두 분 모두 요즘 어떻게 지내시는지 궁금했답니다." 그러자 그가 갑자기 눈물을 펑펑 쏟으며 말했다. "오늘 아침에 아내가 죽었어요!" 순간 나는 당황한 나머지 어찌할 바를 몰라 허둥대다 그저 이렇게 되풀이할 수밖에 없었다. "세상에, 어떻게 그런 일이!" 그리고 속으로 다급히 기도했다. '하나님, 제발 적절한 말을 할 수 있게 지혜를 주세요.' 뭔가 제대로 된 위로의 말을 건네고 싶었지만 무슨 말을 해야 할지 도무지 생각이 나지 않았다. 그래서 하는 수 없이 그냥 이렇게 묻고 말았다. "저와 잠시 이야기 나누고 싶으세요, 아니면 차라리 혼자 있고 싶으세요?"

그는 나와 대화하고 싶다고 했다. 이후 끊임없이 이야기를 쏟아 놓았다. 사고와 아내의 죽음에 대해, 그리고 그들의 결혼 생활과 앞으로 아이들과 살아야 할 막막한 현실에 대해 느끼는 불안감에 대해…. 나는 그 어떤 지혜로운 답변이나 위로의 말이나 영적인 조언도 해줄 수 없었다. 그저 묵묵히 듣기만 했다. 그렇게 헤어지고 나서 나는 내 부족함을 절실히 깨달은 채 그에게 별다른 도움을 줄 수 없다는 사실이 몹시 괴로웠다. 나 자신이 끔찍하게 부끄러웠다. 그런데 그로부터 6개월이 지난 뒤 우리가 다시 만났을 때(그동안 우리는 친구가 되었고, 그와 아이들은 가끔 우리 집에 놀러 오기도 했다) 그가 이런 말을 했다. "빌리, 그날 당신이 내게 얼마나 큰 도움이 됐는지 몰라요. 당신은 별로 그렇게 생각하지 않았겠지만 말이에요. 그때 정말 당신이 나를 위해 거기 있다는 걸 분명히 느꼈어요. 다른 사람들은 대부분 내가 그런 이야기를 털어놓으면 늘 무슨 말을 해주려고 애썼어요. 그런 힘든 일을 당했을 때 어떻게 대처해야 하는지, 이제 앞으로 어떻게 해야 하는지…. 하지만 당신은 그냥 내가 생각하고 느끼는 것을 실컷 말하도록 내버려 두었고, 이래라저래라 조언을 한마디도 늘어놓지 않았죠. 틀에 박힌 위로를 하려 들지도 않았고, 듣기에는 좋지만 귀에 잘 들어오지 않는 성경 구절을 억지로 전하려 하지도 않았지요. 바로 그게 크나큰 도움이 됐어요!"

"하지만 나는 그런 나 자신이 너무 부끄럽고 실망스러웠는데요!" 내가 말하자 그가 다시 대답했다. "정말로 내게 필요한 것은 그 어떤 겉치레도 하지 않는 것이었어요! 만약 그때 당신이 내 손에 어떤 책이나 한 권 쥐여 주었더라면, 나는 그렇게 많은 이야기를 할 수 없었을 거예요. 당신은 그저 내 말을 경청했고, 그것이 내겐 그 어떤 지혜롭고 거룩한 말보다 훨씬 더 큰 위로가 되었답니다."

-빌헬름 베커

잠언은 다 듣기 전에 대답하는 자는 미련하여 욕을 당한다고 말한다(참고. 잠언 18:13). 경청의 기술은 누구나 배울 수 있는 것이며, 경청의 기술을 배워야 제대로 말하는 법을 배울 수 있다.

3장

———

심판과 판단
"나는 내가 아무것도 모른다는 것을 안다"

경청할 줄 알아야 말할 줄 안다

상대방의 생각과 감정을 이해하려고 진지하게 애쓸 때, 반드시 해야 할 말은 대부분 저절로 나온다. 어쩌면 가끔 이렇게 느낄지도 모르겠다. '나는 남을 도울 만한 지식도 별로 없고, 경험도 부족하고, 믿음도 그리 깊지 못해.' 그러나 내가 겪어 본 바로는, 영혼을 돌보는 일상 상담에서 가장 중요한 것은 상대방보다 더 '똑똑한' 게 아니라 하나님과 상대방의 말을 경청할 준비가 되어 있느냐는 것이다. 하나님과 상대방을 향해 안테나를 바짝 세울 때, 처음에는 불안정하게 시작한 대화가 시간이 흐를수록 '더 잘' 진행되어 가는 신기한 경험을 여러 번 했다. 그래서 나는 자주 이렇게 기도한다. "아버지, 무엇보다 제가 잘 경청하게 하시고 적절히 반응할 수 있는 지혜를 주세요!" 영혼을 돌보는 일상 상담에서 가장 중요한 기본 요소는 자신이 이해한 바를 상대방에게 다시 확인하며 물어보는 자세와, 상대방이 자기 의견에 동의해 주기를 기대하거나 강요하지 않으면서 자기 생각과 느낌을 솔직하게 전달하는 것이다.

> **실천해 봅시다**
>
> 내가 남편과 막 사랑에 빠졌을 무렵, 우리는 하루 종일 지금 무얼 하고 있는지 서로에게 알리는 짤막한 문자 메시지를 수십 개씩 보냈고, 수도 없이 전화를 해 댔다.

> 그땐 가능한 한 서로에 대해 많이 아는 게 중요했다. 당신도 하루쯤 시간을 내서 하나님께 당신이 그날 경험한 것을 수도 없이 보고하는 실천을 해 보라. 하나님을 자주 생각하고, 오늘 하나님과 하나 되게 해 달라고 수시로 간구하고, 지금 뭘 했는지 하나님께 '영혼의 문자 메시지'를 날리고, 지금 무슨 생각을 하는지 성령님께 '국제 전화'를 걸어서 수다를 떨어 보라. 성가신 의무로서가 아니라 그저 당신이 오늘 행하고 경험하는 것을 하나님과 시시콜콜 나누기 위해서 말이다. 우리 부부가 그랬던 것처럼.

사물을 보는 바른 시각

먼저 경청하고 그다음에 말하라. 이 원칙은 상대방이 나와 다른 의견을 갖고 있을 때도 적용된다. '평가'와 '비난'(심판) 사이에는 큰 차이가 있다. 비난하는 사람은 심판자 역할을 하는 셈이다. 그러면 예수님이 마태복음 7장 1-5절에서 경고하신 것처럼 큰 위험에 빠질 수 있다.

> 너희가 심판을 받지 않으려거든 심판하지 말아라. 너희가 남을 심판하는 그 심판으로 하나님께서 너희를 심판하실 것이요, 너희가 되질하여 주는 그 되로 너희에게 되어서 주실 것이다. 어찌하여 너는 남의 눈 속에 있는 티는 보면서 네 눈 속에 있는 들보는 깨닫지 못하느냐? 네 눈

속에 들보가 있는데 어떻게 남에게 말하기를 '네 눈에서 티를 빼내 줄 테니 가만히 있거라' 할 수 있겠느냐? 위선자야, 먼저 네 눈에서 들보를 빼내어라. 그래야 네 눈이 잘 보여서 남의 눈 속에 있는 티를 빼 줄 수 있을 것이다.

우리는 상대방보다 내 시각이 더 옳다고 확신할 때가 많다. 그러나 그 확신 안에 아주 위험한 함정이 숨어 있을 때도 많다는 걸 간과하기 십상이다. 사람은 자신이 사물을 인식하는 방식에 따라 결정을 내리는데, 그 방식이 언제나 100퍼센트 옳을 수는 없기 때문이다. 다음 예가 그것을 잘 보여 준다.

다음 두 그림의 중간 동그라미를 보라. 어느 쪽이 더 작아 보이는가?

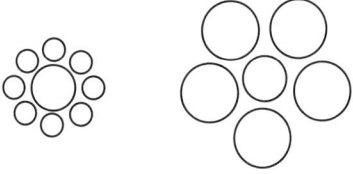

대부분 사람들의 뇌는 오른쪽 그림의 가운데 원이 왼쪽보다 더 작다고 받아들인다. 오른쪽 그림의 바깥에 있는 큰 원들이 가운데 원을 작아 보이게 하기 때문이다. 인식은 대상의 주변 환경에 영향을 받는다는 것을 알 수 있다. 이와 비슷한 착각이 대화를 나누는 중에도 쉽게 일어날 수 있다. 어떤 경험, 연관 관계, 전제 조건에 따라서 우리는

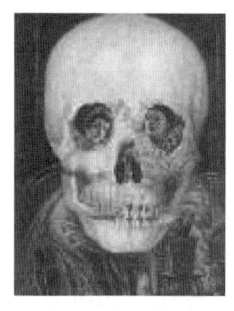
무언가를 평가하는 경향이 있으며, 그 평가는 우리가 결정하는 데 중대한 영향을 미친다. 가끔 우리가 성경을 그토록 제각각 다르게 해석하는 것도 바로 그런 이유 때문이다. 우리가 자라온 배경, 경험, 환경들이 우리 시각에 영향을 미치는 것이다.

위의 그림은 한 쌍의 남녀로 보이는가, 아니면 해골로 보이는가?

이 그림은 어떻게 보느냐에 따라 결과가 달라진다. 물론 드물긴 하지만 두 측면을 동시에 같은 강도로 보는 경우도 있다. 그러나 보통 우리 뇌는 먼저 시각의 기준점을 찾은 다음, 거기에 맞는 부분을 인식하고 맞지 않는 것은 무시해 버린다. 우리가 무언가를 판단할 때도 다음 말이 적용될 때가 많다. "내겐 나만의 의견이 있어. 그러니 정보를 이용해서 나를 방해하지 마." 이것은 우리가 어떤 상황을 먼저 특정한 방식으로 보고 나면, 그와는 다른 시각도 있을 수 있다는 사실에 마음을 닫아 버리는 경향을 빗댄 말이다.

마지막 그림을 나는 제일 좋아한다. 이 그림을 몇 초 동안 자세히 들여다보라. 움직임이 느껴지는가? 빙빙 도는 것처럼 느껴지는가? 하지만 그것은 종이

위에서 실제로 일어나는 현상이 아니라 (약간 부담을 느낀) 당신의 뇌 속에서 일어나는 현상이다. 당신의 지각이 실제로는 전혀 움직임이 없는 원을 그리는 것이다. 우리가 어떤 문제의 원인이 다른 사람에게 있다고 생각하지만, 실상은 그 뒤죽박죽의 원인이 자신일 수 있다는 비유다(이 그림이 당신 눈에는 그저 여러 개의 터널들로만 보이는가? 그럴 수도 있다. 그것 역시 관점의 문제다).

판단하라 그러나 비난하지는 말라

다른 사람을 "비판하지 말라"고 하신 예수님의 말씀은 다른 사람의 태도를 판단하지 말라는 뜻은 아니다. 오히려 예수님은 우리가 진리의 한쪽 면만을 보고 잘못된 판단을 내리지는 않는지 자신을 돌아보아 살펴보라고 요구하신다.

"형제자매 여러분, 여러분에게 권고합니다. 무질서하게 사는 사람을 훈계하고 마음이 약한 사람을 격려하고 힘이 없는 사람을 도와주고 모든 사람에게 오래 참으십시오"(데살로니가전서 5:14). 이 말씀은 우리가 판단을 내려도 된다는 것을 암시한다(판단을 통해 무질서하게 사는 사람, 마음이 약한 사람, 힘이 없는 사람 등을 구분할 수 있기 때문이다). 그러나 어떤 판단을 내린 사람들에 대해서는 오래 참으라고 말씀하신다. 위와 같이 '불손하게' 행동하는 사람들의 등 뒤에서 그들을 흉보는 대신, 그들이 있는 곳으로 들어가 오히려 존중과 인내와 긍휼로 대한다면 어떤 일이 벌어질지 상상해 보라. 소심하고 나약한 면을 서로에게 솔직하게 열어 보이고도 손가락질당하지 않고 오히려 서로 위로와 격려를 주고받는 모습. 그것이야말로 서로의 영혼을 돌아보고 상담하며 살아가는 교회의 참모습이 아니겠는가!

그럼에도 불구하고 나는 데살로니가서 저자에게 이렇게 말하고 싶다. "당신 말이 정말 맞아요. 하지만 당신이 말한 그런 상황은 너무 이상적이라 현실에 적용하기 힘들어요. 우리가 늘 그렇게 오래 참고 친절할 수 있다는 건 상상조차 안 됩니다." 정말 말로는 쉽지만 행하기란 굉장히 어렵지 않은가! 우리는 매일 매순간 서로 비판하고 비난하고 분리한다. 남을 판단하고 비판할 거리는 무궁무진해서 솔직히 나 자신도 그것으로부터 자유롭지 못하다. 누군가에 대해 특정한 인상을 한번 갖게 되면, 그 사람이 반드시 그렇지 않을 수도 있다는 가능성을 열어 두어 고착된 이미지를 바꾸기란 참으로 힘들다. 누군가가 이해하기 힘든 말을 할 때도 그가 어떻게 그런 생각을 하게 되었을지 이해하려 애쓰기보다는 "이봐요. 당신 참 어리석군요!"라고 생각할 때가 적지 않다. 게다가 나와는 달리 생각하고 행동하는 사람들과는 아예 접촉을 피하기도 한다.

신학자 마르틴 부버(Martin Buber)는 이에 대해 이렇게 지적한 바 있다. "현대인들에게는 만남은 없고 스침만 있다." 서로 스쳐 지나가며 대화하고, 스쳐 지나치며 산다는 말이다. 이런 '피상적인 만남'은 그리스도인들 사이에서도 흔하게 일어난다. 상대방이 '정말 뜻하는 바'가 무엇인지 설명을 듣기도 전에 자신이 다 안다고 생각한다. 상대방의 말을 잘 이해할 수 없을 때에는 그의 말을 경청하며 이해해 보려는 대신, 그가 '비합리적인' 사고방식을 지녔다며 반박하기 바쁠 때가 더 많으니 말이다.

> **실천해 봅시다**
>
> 이번 주에는 평소 사고방식이나 사는 모습이 당신과 아주 다르다고 생각해 온 한 사람을 찾아가 보라. 어떤 주제에 대해 대화를 나누면서 그를 설득하거나 반격하려 하지 말고, 이 사람은 어떻게 그런 생각을 갖게 되었는지, 당신과 일치하는 것은 무엇이 있는지 그의 말을 경청해 보라.
>
> 그냥 이렇게 시작해 봐도 좋다. 이번 주일 예배 후에 평소에는 한 번도 같이 앉아 차를 마셔 본 적 없는 사람들과 마주 앉아 커피를 마시면서 대화를 나눠 보는 건 어떨까?
>
> 어쩌면 당신에게는 당신과 전혀 다른 사람들과도 대화를 잘 이끌어 나가는 은사가 있는지도 모른다. 그렇다면 그 은사를 어떻게 활용할 수 있을지 생각해 보라. 다음 이야기의 M부인처럼.

모두를 한자리에 모으는 M부인의 은사

내가 오래 전부터 알아 온 M부인은 마음이 따뜻하고 매력적인 사람이다. 물론 그녀 자신은 이런 표현이 지나치다고 극구 부인하겠지만. M부인은 교회에서 별다른 직분을 가지고 있지 않기 때문에 공식적으로는

'중요한' 사람에 속하지 않는다. 하지만 그녀는 사람들이 거의 눈치채지 못하게 교회 안에서 자신이 해야 할 일을 찾아서 그것을 충실하게 잘 감당하고 있다. "저의 가장 큰 은사는 맛있게 요리하고 빵을 굽는 거예요. 말하자면 손님을 잘 대접하는 은사를 받았지요." 그녀는 자신에 대해 그렇게 말한다. 그리고 그 은사를 잘 활용한다. 교회 안에서 다른 사람들과 쉽게 어울리지 못하는 이른바 아웃사이더들은 자주 그녀의 집을 찾아간다. 주일 오후에 그녀는 외로운 이들을 집으로 불러 모은다. 그리고 무엇보다 교회에서 '서로 함께' 이야기하기보다 '서로에 대해' 더 많이 이야기하는 분위기가 엿보이면, 그녀는 여러 '입방아 모임'의 대표를 자기 집에 초대한다. "사람은 가끔 서로 모여서 이야기할 기회가 필요하니까요!"라며 식사를 하거나 차를 마시러 오라고 사람들을 불러 모은다. 그리고 여기저기서 입방아 찧는 문제의 주제를 아주 꾸밈없이 솔직하게 먼저 꺼낸다. "저는 여러분이 …때문에 하나 되지 못하고 있다는 말을 들었어요…." 손님들이 이 자리는 그런 얘기를 나누기에 적당하지 않다는 식으로 어물쩍 넘어가려고 하면, 그녀는 단호하게 맞받아친다. "형제자매가 솔직한 대화를 나누기에 이보다 더 좋은 자리가 어디 있겠어요? 하지만 A집사님이 원하지 않으신다면 괜찮아요. B권사님은 그 문제에 대해 어떻게 생각하고 계시는지 한번 말씀해 주시겠어요?" M부인의 다과회는 유명하지만 한편으로는 악명이 높다. 그러나 그녀의 참견이 사랑에서 기인한다는 사실만큼은 모두 인정한다. 그녀는 또한 매일 아침 집에서 여는 '커피 큐티' 시간을 통해서도 여러 사람을 돕고 있다.

—카롤리네 아우어바흐

비판하되 제대로 하라

예수님은 "비판을 받지 아니하려거든 비판하지 말라"는 말씀을 통해 비판을 할 때는 그에 대한 책임도 함께 져야 함을 깨우치셨다. 물론 때로는 어떤 상황이나 의견에 대해 판단할 수밖에 없는 상황이 생긴다. 중요한 것은 아무런 의견 없이 평가를 내리지 않는 것이 아니라 성급한 결론을 내리지 않는 것이다. 자신의 평가가 심판이 되지 않도록 주의해야 한다. 비판의 목적도 항상 남을 섬기기 위함이어야 한다. 따라서 비판의 토대는 긍휼, 애정, 관심, 헌신이어야 한다. 그렇다면 하나님은 우리에게 어느 정도의 긍휼을 요구하시는 것일까? "너희의 아버지께서 자비로우신 것같이, 너희도 자비로운 사람이 되어라"(누가복음 6:36). 하나님은 그분이 자비를 베푸시는 수준으로 우리에게 자비를 베풀라고 말씀하신다. 이를 비판에 적용한다면, 누군가에게 어떤 충고를 해주고 싶을 때는 먼저 그 동기를 점검해야 한다는 말이다. 정말 그를 위하는 마음인지, 아니면 내가 옳다는 것을 주장하고 상대방을 심판하기 위해서인지 스스로 분명하게 점검해야 한다.

 '비판'은 우리에게 서로 다른 의미의 여러 결말을 뜻할 수 있다. 상반되는 이해관계로 생긴 갈등을 잘 중재하여 평화로운 결말로 이끄는

'조정'이 될 수도 있고, 일그러진 것을 똑바로 '정돈'하는 뜻이 될 수도 있다. 그러나 또 한편 무언가를 다스리고 '지배'한다는 뜻이 되기도 한다. 나는 조정하고 정돈하기 위해서 평가하는가 아니면 지배하고 군림하기 위해서 하는가?

하나님은 우리를 불쌍히 여기신다. "숲속에서 외친 대로 메아리가 밖으로 울려 퍼진다"는 말이 있다. 하나님이 우리 안에 외치시는 긍휼의 목소리를 들으면, 우리 밖으로도 긍휼의 메아리가 울려 퍼져야 할 것이다. 우리를 향한 하나님의 사랑에 올바르게 반응하는 방법은 서로를 불쌍히 여기는 것이다. 그때 놀라운 기적이 일어난다.

긍휼의 마음으로 대화를 나누면 다짜고짜 자기 의견부터 들이밀며 남을 비판하거나 남에게 책임을 전가하지 않게 된다. 이를테면 이런 식으로 대화를 시작하지 않는다. "난 그건 아니라고 봐. 내 생각에 그건 틀렸어." "그런 식으로 하는 건 내 맘에 안 들어. 그건 신앙적이지 못해." 그 대신 이렇게 대화를 풀어 가게 될 것이다. "제가 보기에는 이런 점이 눈에 띄네요." "저는 이런 인상을 받았습니다." "제 생각은 이런데, 이렇게 하면 어떨까요?"

"형제 여러분, 나는 여러분이 더할 나위 없이 마음이 너그럽고 지식이 풍부하여 서로 충고할 만한 능력이 있다고 확신합니다."
-로마서 15:14, 공동번역

실천해 봅시다

첫째 날: 당신을 사랑과 긍휼로 대하고 계시는 하나님을 특별히 더 깊이 의식해 보라. 하나님은 당신의 모든 생각과 행동, 강점과 약점을 아신다. 그분이 당신을 깊이 이해하고 계심을 새로이 되새겨 보라. 그리고 하나님이 지금 당신의 삶을 보시면 기뻐하실지, 아니면 염려하실지 평가해 보라. 오늘 당신의 모든 생각과 행위에 하나님을 초대하라. '나쁜' 감정과 생각까지도 하나님 앞에 활짝 열어 놓은 채 느끼고 생각하도록 노력해 보라. 어차피 하나님은 당신을 다 알고 계신다!

둘째 날: 다른 사람들을 대할 때 긍휼과 솔직한 자세를 취한다면 어떤 결과가 생길지 상상해 보라.(당장 실천해야 할 필요는 없으니 부담을 가지거나 염려하지 마라!) 만약 당신이 그런 태도로 사람들을 대한다면 어떤 관계가 어떻게 달라질지 생각해 보라. 이번 한 주를 이 원칙에 따라 행동한다면 지난주와 어떤 점이 달라질지 생각해 보라.

그리고 지금 당신을 가장 힘들게 하는 관계를 하나 떠올려 보라. 이 관계에서 가장 부족한 부분은 무엇인가?, 솔직함인가, 긍휼인가? 아니면 또 다른 무엇인가? 이 관계가 개선되도록 이번 한 주 동안 집중적으로 기도하라. '내 눈의 들보'와 '상대방 눈의 티'를 분별할 지혜를 하나님께 구하라.

일주일 뒤: 한 주 동안 무엇이 어떻게 변했는지, 아직 더 변해야 할 것은 무엇인지 성찰해 보라. 그러기 위해서 당신이 내디뎌야 할 다음 걸음은 무엇인가?

솔직함과 긍휼을 결합시키는 것은 개인이나 교회에 쉽지 않은 과제다. 만약 우리 교회나 공동체가 솔직함과 긍휼의 원칙에 따라 서로를 대한다면, 주위에 엄청난 영향력을 행사할 것이다. 그러면 역사가 테르툴리아누스가 초대교회에 대해 묘사한 것처럼 우리 이웃도 우리를 이렇게 평가할 것이다. "보라, 저들이 서로 어떻게 사랑하는지!"

"하지만 우리 교회는 그렇지 못해!"라고 생각한다면, 교회가 변할 수 있도록 당신이 먼저 시도하라. 우리 공동체가 어떤 성격을 띠고 어떤 평판을 들을 것인지, 모든 것은 당신의 결정에 달려 있다. 우리는 서로 잘못을 비판하고 심판하는 관계를 맺을 것인가, 아니면 솔직하게 자신을 열고 긍휼히 여기는 관계로 '첫걸음'을 내디딜 것인가.

하지만 긍휼을 강조하다 보면 '죄인들'을 너무 관대하게 대하는 건 아닐까 하는 의문이 생길 수도 있다. 그렇지 않다. 우선 우리는 모두 오십보백보 차이의 죄인이다. 성경에 따르면 우리는 모두 눈 속에 들보와 티를 가진 죄인이다. 또한 차갑고 냉혹한 비판과 심판은 우리 기대와는 달리 진정한 변화를 일으키는 힘이 없다. 그리 경건한 사람이 아니었던 헤르만 헤세도 이런 멋진 생각을 했다.

이봐, 나는 네가 화가 나서 퍼붓는 욕설을 이해해.
하지만 그래 봤자 세상은 원래 모습 그대로야.
네 증오로는 세상을 털끝만큼도 바꾸지 못해.
사람은 다 부패한 악당이지.
그런데 너 자신은 정말 선하니?
나라면 사랑으로 변화를 시도해 보겠어.

앞에서 봤던 시각이 만들어 내는 착각을 기억하는가? 자신의 뇌만 믿는다면, 자신의 판단과 생각만이 옳다고 믿는다면, 그것이 만들어 내는 잘못된 신호에 속을 수도 있다. 따라서 자신의 생각이 아닌 것에도 답이 있을 수 있고, 어쩌면 그것이 더 나을 수도 있다는 사실을 받아들여야 한다. 다른 가능성에 늘 자신을 활짝 열어 두려고 애써야 한다. 그런 점에서 남을 위한 참되고 건설적인 비판은 하나님의 긍휼을 척도로 삼은 자기비판을 전제로 해야 마땅하다.

> **생각해 볼 질문**
>
> 당신은 잘 경청하는가?
> 당신은 '당신 눈 속의 들보'를 볼 수 있는가?
> 경청하는 능력을 좀더 훈련하기 위해 필요한 것은 무엇일까?
> 지금 당신의 '열린 귀'를 필요로 하는 사람은 누구일까?

다른 사람을 향한 진지한 관심, 열린 귀와 눈, 남의 어려움과 문제를 돌아보는 마음가짐은 영혼을 돌보는 일상 상담에 갖추어야 할 중요한 구성 요소들이다. 또한 서로의 영혼을 돌아볼 때 필요한 기본 자질이라고 할 수 있다. 우리는 이것이 교회와 공동체의 본질적인 자세가 되도록 노력해야 할 것이다. 교회 안에서 신앙 연륜과 세상 경험이 풍부한 사람들은 아직 경험이 많지 않고 연약한 사람들에게 길을 찾아

갈 수 있도록 안내하고 격려하고 지원해 줄 수 있다. 그것은 신앙의 선배들이 마땅히 져야 할 책임이다. 그런데 그 어디에서보다 더 많은 일을 할 수 있는 곳이 있다. 바로 '세상의 모든 식탁머리'에서 우리는 서로를 위해 지금까지 해 온 일보다 훨씬 더 많은 일을 할 수 있다. 요즘 말로 그것을 '멘토링'이라 부른다.

4장

멘토
동행하며 격려하고 지원하는 사람

일러두기 이 장의 저자는 알렉산드라 C. E. 데풀(Alexandra C. E. Dephul)입니다.

멘토링

'멘토링'은 두 사람 사이의 특별한 관계를 나타내는 명칭이다. 즉, 상대방이 자신의 재능과 잠재력과 소명을 인식하고 발견하고 펼치도록 도와주는 관계를 말한다. '영혼을 돌보는 일상 상담'이라는 개념에 비추어 보면, 멘토링은 거기에 하나님과 더욱 친밀한 관계를 갖도록 뒷받침해 주려는 바람이 더해진다. 바울이 디모데를, 예수님이 제자들을 지원하고 격려한 것처럼 말이다.

> 언제 어디서 누구든 간에 다른 사람의 성장과 성숙에 관심을 갖고 도우며 가르치고 격려하는 사람이 바로 멘토다.
> —베벌리 케이

자신도 모르게 멘토가 된 사람

마리아 바로닌 볼프는 모범적인 여인이었다. 비록 자녀는 없었지만, 그녀는 한 소녀를 아주 특별하게 마치 '어머니처럼' 돌보았다. 그녀는 이 소녀가 커 가는 것을 그저 지켜보기만 한 것이 아니라, 정신적으로 성숙해 가도록 때마다 적극적으로 도왔다.

참 신기하게도 소녀가 마리아를 필요로 할 때마다 언제나 옆에 있었고, 소녀에게 중요한 날마다 적절한 선물까지 들고 와서 함께해 주었다. 소녀가 어린아이였을 때나 아가씨가 되었을 때나 마리아는 소녀의 훌륭한 대화 상대였다. 마리아는 마치 소녀의 입장이 된 것처럼 소녀의 말에 귀 기울여 주었다. 가끔은 소녀의 말에 즉시 답을 주기도 했지만, 그녀의 반응은 대체로 신중했다. 그녀는 소녀가 한 말을 깊이 생각한 다음, 사랑 어린 말로 다시 한 번 정리해서 분명히 표현해 주었다. 그 소녀는 바로 나였다.

어느 날 우리는 카페에서 마주 앉았다. 마리아는 나를 만나기 위해 긴 시간을 마다 않고 기차를 타고 달려왔다. 그녀는 우리 부모님이 흥분하며 전해 준 나에 대한 부정적인 이야기들을 믿지 않았고, 무슨 일이 일어났는지 나한테 직접 듣고 싶어 했다. 우리는 마주 앉아 커피를 마시고 케이크를 먹으며 대화를 시작했다. "도대체 무슨 일이 있었던 거니? 왜 그렇게 부모님이 네 걱정을 하시니?" 그 무렵 나는 신앙 생활을 시작한 지 얼마 안 됐던 참이었는데, 그녀는 내가 새롭게 경험한 신앙 이야기를 진지하게 듣고 공감하려 애썼다.

그녀는 내 의견에 별로 동의하지 않을 때도 나를 많이 이해해 주었다. 그래서 나는 그녀가 나 대신 아직 완성되지 못한 내 신앙과 내가 느끼는 삶의 불안에 대해 사람들에게 잘 설명해 줄 것이라고 믿었다. 역시 내 확신은 빗나가지 않았다. 그녀는 먼 길을 되돌아가서 우리 부모님께 잘 설명해 주었다.

나는 그녀가 나와 어떻게 동행하며 후원해 주었는지를 떠올릴 때마다 고맙기 그지없다. 그녀는 나도 언젠가 누군가에게 그런 사람이 되고 싶다는 소망을 갖게 해준 훌륭한 삶의 모범이었다. 그녀 자신은 의식하지 못했겠지만 그녀는 내 삶을 깊고 풍성하게 해준 나의 소중한 멘토였다. 그녀를 만난 것이 얼마나 큰 복인지!

모든 사람은 멘토가 필요하다

우리 앞에서 모범을 보이며 우리가 발전하도록 박차를 가하는 사람과 우리가 신뢰하며 따를 수 있는 사람들은 우리의 성장과 성숙에 크게 기여한다. 그러나 멘토는 상대방을 지원하고 후원할 뿐 아니라 가끔은 도전과 자극을 주기도 해야 한다. 멘토의 중요한 역할 중 하나는 상대방이 지금까지 해 보지 않은 새로운 것들을 실험해 보도록 자극하고 도전을 주는 것이다. 그래서 상대방의 숨은 가능성과 한계를 새로이 찾고 펼치게 하는 것이다. 스트레칭이 안 쓰던 신체 부위를 늘이고 펴서 몸이 건강하게 자라는 데 도움을 주듯이, 도전과 모험은 우리 영혼의 성장과 성숙에 꼭 필요한 스트레칭과 같다.

우리는 모두 누군가에게 모범이 된다. 그것을 의식하든 못하든, 나쁜 모범이든 좋은 모범이든 간에. 그러니 우리의 모범으로부터 어떤 식으로든 엄청난 결과가 나오지 않는다고 어찌 장담할 수 있겠는가! "나는 누군가의 모범이 될 수 없어. 나 자신이 아직 변해야 할 것이 너무 많으니까"라는 말은 얼핏 듣기에는 겸손하게 들리지만, 실은 그렇지 않다. 왜냐하면 하나님이 다른 사람을 돕는 도구로 나를 쓰실 수 있다는 사실을 신뢰하지 못한다는 말이기 때문이다.

우리가 자신보다 신앙 연륜과 인생 경험이 부족한 다른 사람에게 자신을 대화 상대자와 기도 동역자와 멘토로 내주는 일, 상대방이 새로운 도전을 해 보고 자기를 성찰하고 신앙과 삶에 힘을 얻도록 돕는 일이 바로 멘토링이다. 한번 상상해 보라. 교회 안에서 그리고 일상생활에서 이런 것을 지극히 당연시할 때 우리 삶은 어떻게 달라질까? 멘토링은 일상생활 속에서 행할 수 있으며, 또 반드시 그렇게 행해야 한다.

멘토링의 중심 요소

- 멘토링은 삶의 경험이 풍부한 사람과 경험이 적은 사람 사이의 일대일 관계다.
- 멘토는 상대방인 멘티의 삶에 참여하고 함께 책임을 진다.
- 멘토링 관계는 신뢰를 바탕으로 하는 관계다. 그래서 이 관계에서는 편견이나 선입견 없이 솔직하게 배우고 새로운 것을 시도할 수 있다.
- 멘토는 완벽할 필요는 없지만 반드시 신뢰할 수 있어야 한다.
- 기독교적 맥락에서 멘토링의 목적은 멘티의 신앙을 강화하는 것이다. 그러나 멘티를 진리의 말씀으로 양육하는 것보다 더 중요한 것이 있다. 멘토 자신이 하나님과 더욱 친밀한 관계를 깊이 세워 나가는 것이다.

멘토가 된 나의 이야기

"당신은 너무 나이가 많아요. 더 젊은 사람들에게 자리를 양보할 때가 되었어요." 상사가 내게 말했다. 나는 막 55세가 되었고, 이 자리에서 일한 지도 그리 오래되지 않았는데 벌써 내 삶의 가능성에 대해 다시 깊이 생각해야 했다. 여기서 계속 버틸 것인가 아니면 다른 길을 찾아 새롭게 시작할 것인가?

55세가 너무 나이가 많다고? 나는 이제야 겨우 네 명의 자녀들로부터 자유로워졌다. 가족의 울타리를 벗어나서 이 청소년 캠프에서 이런저런 일을 도우며 활동을 시작할 때였다. 그런데 이런 일이 터진 것이다! 그녀는 무슨 생각으로 내게 그런 사망선고를 내린 것일까? 나는 깊은 상처를 입었다. 대꾸할 말이 없었다. 벌써 모든 걸 끝내야 하다니, 화가 나고 모든 게 혼란스러워 집으로 돌아오는 몇 시간 내내 울면서 하나님께 고래고래 소리 질렀다. 이 비참한 상황에 대해 책임지시라고!

지금까지 있었던 모든 일이 주마등처럼 머릿속을 스쳐 지나갔다. 나는 철두철미한 사람이다. 그래서 미래의 모든 가능성과 결과를 계산해 보며 하나님께 물었다. 이러한 상황을 향한 하나님의 계획과 뜻이 무엇인지. 그런데 이상하게도 깊이 묵상할수록 서서히 마음속에 평안이 차올랐다. 그리고 여기에도 분명 하나님의 선한 계획이 있을 거라는 확신을 얻었다!

작은 퍼즐 조각들이 모여 멋진 그림을 이루듯이, 이 과정을 통해 하나님이 내게 새로운 사명을 맡기실 것을 알아차릴 수 있었다. 당시 나는 많은 사람들과 여러 모임에서 교제를 나누고 있었다. 매일 아침 큐티 모임, 주중 성경 공부 모임 등…. 그런 모임에 참석하는 가운데 특별하고도 새로운 발견을 하도록 마침내 내 눈이 열린 것이다. 격려와 지원이 필요한 사람들을 찾아가서 원석 같은 그들이 다이아몬드로 빚어지도록 개인적인 도움을 주는 것이 내 사명이 아닐까, 그 일에 하나님이 나를 부르시는 게 아닐까 하는 가능성을 발견한 것이다. 청소년 캠프의 상사가 내뱉은 상처의 말이 '은쟁반에 금사과'로 변하는 순간이었다.

새로운 시작을 하려면 중요한 무언가를 포기해야 할 때가 있다. 하나님께 나를 주변 사람들의 멘토로 쓰시도록 내어 드리자, 사방에서 사람들이 내가 속한 모임으로 모여들었고 도움을 청해 왔다. 그들은 내가 그들이 지금 겪고 있는 것과 비슷한 삶의 어려움을 어떻게 헤쳐 나왔으며 어떻게 실패를 극복해 왔는지 듣길 원했고, 어떻게 삶의 우선순위를 새롭게 정하고 재능을 찾아 펼칠 수 있는지 조언을 구했다.

나는 그들과 함께 성경을 읽고, 세미나를 듣고, 다른 이들에게 물으면서 답을 찾아 나갔다. 그러면서 나도 함께 내 삶을 점검하며 새로운 것을 배워 갔다.

모든 사람은 멘토가 필요하다. 우리를 사랑하고 지도하고 안내하고 도전하고 가르치는 사람을 만나 친구가 되고 힘을 얻기를 모두가 원한다. 그리고 모든 사람은 누군가에게 일상의 소박한 장소에서 얼마든지 멘토가 되어 줄 수 있다.

부모, 삶의 첫 멘토

그러고 보면 나는 어머니라는 역할을 통해 멘토라는 새로운 역할을 매우 잘 준비해 온 셈이다. 부모는 자녀들의 삶에서 첫 번째 멘토이기 때문이다.

남편과 나는 오랜 세월 동안 기독교 청소년 사역을 해 왔다. 그 덕에 우리 아이들도 다양한 사람들과 교제할 수 있었다. 때로는 힘이 들었지만 엄마로서 나는 자녀들이 여러 분야의 사람들을 만나기를 원했다. 그들의 경험을 듣고 배우면서 아이들이 삶의 지평을 넓혀 가길 바랐다. 그래서 음악가, 연설가, 선교사 등 다양한 분야의 사람들을 초대해 만남의 장을 마련했다.

아이들은 아프리카에서 온 선교사의 이야기를 들으며 선교에 대한 갈망을 마음속에 키웠고, 우리 딸 중 하나는 결국 선교사가 되어 루마니아에서 선교 활동을 하다가 지금은 캐나다에서 인디언들에게 복음을 전하고 있다. 아이들이 음악으로 영혼을 일깨우는 기쁨을 발견하도록 도와준 유명 가수와 음악가도 있다. 결국 아들 하나는 그 영향으로 음악 사업을 하고 있다. 아이들은 강사로 온 여러 신학자와 신앙 문제를 토론하며 다양한 의견을 받아들이는 법도 배웠다. 삶의 모범이 되는 이런 사람들과의 만남을 통해 아이들은 자신의 재능과 사명을 발견해 갔다. 이디스 쉐퍼(Edith Schaeffer)는 「가족이라는 삶의 영역」(*Lebensraum Familie*)이라는 책에서 이것을 '추억의 보물상자'에 비유했다.

부모는 자녀를 먹이고 입힐 뿐만 아니라 자녀의 첫 멘토가 되어 아이들 속에 있는 가능성과 잠재력을 찾아서 펼쳐 주어야 한다. 부모는 자녀들의 개성과 취향을 자신의 기준에 맞추어 판단하고 억누르는 대신, 그들만의 능력을 마음껏 펼칠 수 있도록 장을 마련해 주고, 모범이 되는 사람들과 교제하도록 지원함으로써 성장을 도와야 하는 존재다. 다시 말해 부모는 자녀들의 영혼을 돌보는 첫 상담가여야 한다. 다음 이야기에 나오는 어머니처럼.

붉은 체리 피

부엌에서 한 부인이 통조림을 열고 내용물을 냄비에 쏟아붓고 있다. 영화상을 받고 싶어 하는 보이스카우트 대원인 아들을 위해 아버지는 고성능 8밀리미터 카메라를 사 주었는데, 아들에게 갑자기 멋진 생각이 떠올랐다. 공포영화를 만들기로 한 것이다.

영화의 한 장면을 위해 부엌 찬장에서 뚝뚝 떨어지는, 피처럼 보일 법한 붉고 끈적끈적한 액체가 필요했다. 어머니는 가게에서 산 서른 개의 체리 통조림으로 붉은 액체를 만들기 위해 체리를 계속 냄비에 쏟아붓는 중이다. 그러니까 그녀는 이렇게 말하는 엄마가 아니었던 것이다. "밖에 나가서 놀아! 집 안을 엉망진창으로 만들지 말고!" 그와는 정반대였다. 그녀는 아들이 마음껏 집을 영화 제작소로 꾸밀 수 있게 했다. 아들이 가구를 이리저리 옮기고 집 안을 온통 수건으로 덮어 가려도 참견하지 않았고, 영화 의상을 만드는 작업도 도와주고, 심지어 배우로 출연하기까지 했다. 아들이 사막이 나오는 장면이 필요하다고 하면 가족용 지프차에 그를 태우고 사막으로 달려갔다. 그로부터 오랜 세월이 흐른 뒤, 그녀는 이때를 회상하며 체리로 피를 만든 후 수년간 체리 통조림은 거들떠보지도 않았다고 말했다.

그녀 아들의 이름은 바로 스티븐 스필버그다.

−다니엘 골만, 폴 카프만, 마이클 레이 공저, 「창의력 발견하기」(*Kreativität entdecken*)

스필버그의 어머니는 집 안이 엉망진창 되는 것보다 자녀가 재능과 흥미를 마음껏 펼치는 것이 더 중요하다고 여긴 어머니였다.

창의력은 값으로 따질 수도, 살 수도 없는 소중한 잠재력이다. 부모가 자녀들의 창의력을 어릴 때부터 마음껏 후원하고 장려할 때, 자녀들은 창의력이란 열매를 풍성히 맺을 수 있다. 그렇다면 우리에게 무엇이 더 중요한지 다시 한 번 생각해 보자. 반듯하게 잘 정돈된 집(교회)인가, 창조의 생기로 넘치는 집(교회)인가?

> **실천해 봅시다**
>
> 의식하지 못할 수도 있지만 누군가는 당신의 삶 가운데 멘토가 되어 주었을 것이다. 지난 삶을 돌이켜볼 때 누가 당신의 멘토였는가? 누가 모범이 되어 주었으며, 당신의 영혼에 강한 영향과 깊은 흔적을 남겼는가? 당신을 이끌어 주고 지지해 주었던 사람들을 감사한 마음으로 돌아보라. 그리고 오늘 적어도 그들 중 한 사람에게 직접 감사의 말을 전해 보면 어떨까?

우리는 인상과 말을 남긴다

얼마 전 나는 시카고에 있는 손녀 집에 잠시 머물렀다. 손녀는 학교에 다니지 않고 홈스쿨링을 하기 때문에 나도 사회 과목을 한 대목 가르칠 기회를 얻었다. 나는 손녀에게 모든 사람을 하나님이 제각각 다르게 만드신 까닭에 세상에 똑같은 사람은 아무도 없다는 사실을 이해시키고 싶었다. 그 증거로 온 가족과 이웃의 지문을 찍어서 비교해 보도록 했다. 손녀는 상당한 흥미를 보였다. 우리는 젊은 사람들과 나이 든 사람들의 지문을 비교해 보았고, 마침내 다음 결론을 얻었다. 세상에 완전히 똑같은 지문은 단 하나도 없으며, 아버지, 어머니, 할아버지, 할머니, 이웃, 교회 사람들 모두 그들이 남긴 지문처럼 다르다는 것을.

우리는 원하든 원하지 않든 만나는 사람에게 각자의 지문처럼 다양한 인상을 남기며 살아간다. 그리고 다른 사람들이 우리에게 남긴 인상을 짊어지고 살아간다. 그것은 어떤 체험이나 환경일 수도 있고, 기억 속에서 평생 따라다니는 말일 수도 있다. 때로 우리는 어떤 말을 안 들었더라면, 안 했더라면, 어떤 일을 안 겪었더라면 좋았을 텐데 하는 진한 아쉬움을 안고 살기도 한다. 그것들이 남긴 부정적 인상이 늘 우리를 따라다니며 우리의 생각과 태도에 영향을 끼치고 자존감을 손상시키기 때문이다.

예수님도 인상을 남기셨다. 그분의 말과 행동은 지혜로웠고, 선했고, 권위가 넘쳤고, 적절한 때 적절한 곳에 사용되었다. 그분은 곧 말씀이셨고, 그 말씀은 오늘도 여전히 그때와 똑같은 권위를 지닌다. 그분은 상대방이 무엇을 필요로 하는지, 그에게 영원한 인상을 남기려면 어떤 말과 행동을 해야 하는지를 잘 아셨던 위대한 멘토였다. 상대방을 정확히 아셨고, 그가 무엇을 원하는지 꿰뚫어 보셨다. 그리고 그것에 관심을 보이고 반응하셨다. 예수님의 말씀과 조언은 귀 기울여 듣기만 하면 쉽게 이해할 수 있었다. 다만 그를 시험하려는 사람들만은 깨닫지 못했다.

예수님은 제자들에게도 최고의 모범이셨다. 그는 제자들 한 사람 한 사람에게 큰 관심을 가지셨다. 예수님은 그들을 지원하고 격려하셨고 때론 도전하기도 하셨다. 제자들이 실수를 저지를 때에는 그들을 도우셨고, 무엇보다 그들을 매우 오래 참아 주셨다. 그분은 제자들이 기꺼이 따라 살고픈 삶을 사셨다.

멘토란

멘토라는 개념은 지난 수세기 동안 바뀌어 왔다. 멘토는 원래 그리스 신화에서 오디세우스의 친구이자 오디세우스의 아들 텔레마쿠스의 스승이었다. '멘토'는 프랑소와 페넬롱(François Fénelon)의 소설 「텔레마쿠스의 모험」(*Les Aventures de Télémaque*)을 통해 17세기 문학권에서 가르치고 지도하고 보호하는, 나이 많은 친구를 가리키는 용어로 사용되었다. 멘토는 18세기에는 궁정 고문관, 19세기에는 가정교사, 현대에는 상담가가 되었다. 이 개념은 인간관계가 빈약한 우리 시대에 점점 더 큰 관심과 가치를 얻고 있다.

하나님의 영을 일컫는 그리스어 가운데 하나가 '파라클레토스' (*parakletos*)다. 이는 바로 '멘토' '돕는 자' '후견인' 또는 '교육자'란 뜻이다. 따라서 하나님의 영도 우리의 멘토로서 우리가 성숙해 가고 소명을 발견하도록 우리와 동행하며 우리를 인도하고 도우신다.

멘토 관계에서 멘토의 모범이 아무리 중요하다 할지라도, 멘토링의 핵심은 멘티가 멘토와 똑같아지는 것이 아니라 멘티 고유의 잠재력을 발견해서 활짝 펼치도록 하는 것이다.

우리는 모두 하나님께 받은 은사, 강점, 지식 등을 서로 나눔으로써 서로의 성장에 기여할 수 있다. 이는 주로 일상생활에서 접하는 다양한 상황 가운데 일어난다. 이를테면, 살림에 노련한 주부가 아직 살림이 서툰 젊은 여성을 이끌어 주고, 가정교회나 소그룹 지도자가 자기

뒤를 이을 후계자를 키워 주고, 신앙의 연륜이 깊은 그리스도인이 이제 막 신앙생활을 시작한 사람을 이끌어 주는 것이다.

로잔운동에서 오랜 세월 여성들의 멘토가 되었던 로빈 클레이던(Robyn Claydon)은 이렇게 말한다. "멘토링은 상대방을 격려해서 하나님이 그에게 주신 재능과 가능성을 마음껏 펼치도록 돕는 것이다." 그러므로 멘토란 상대방을 격려하고 가르치고 동행하고 상담해서 그 사람의 잠재력을 이끌어 내고 싶어 하는 모든 사람이다.

우리 모두는 하나님께 각자의 사명과 고유한 존엄성을 부여받았다. 멘토는 멘티의 이 사명과 존엄성이 삶 속으로 녹아들어 한데 어울려 활짝 꽃피도록 돕는다. 심리 치료사인 빌하르트 베커(Wilhard Becker)의 말을 빌리면, "멘토링은 우리 안팎의 모든 것으로부터 최상의 것을 이끌어 내는 것이다."

사람은 지적·정신적·영적 성숙도나 영향력 등 어떤 면에서든 자기보다 앞선 사람과 신뢰를 바탕으로 한 관계를 맺고 교제를 나눌 때 인격이 자란다. 그러한 교제는 산책을 하면서든, 큐티를 하면서든, 식사를 하면서든, 대화를 나눌 수 있는 곳이면 언제 어디서든 가능하다.

나는 아침 큐티 모임에서 만나는 사람들에게 소속감과 책임감을 심어 주기 위해 함께 먹을 빵을 가져오게 한다. 이렇듯 다른 사람의 삶을 함께 세워 가기 위해 자신의 시간과 재능을 사용하는 것은 무척 재미있고 유익한 일이다.

멘토가 되려면 무엇이 필요할까?

지금껏 살아온 날들을 되돌아보면서 다음 질문에 대답해 보자.

- 누구에게 어떤 도움을 받았는가?
- 인간으로서, 동료로서, 지도자로서…나는 어떻게 발전해 왔는가?

멘토로서 자신이 직접 겪고 깨달은 바를 멘티에게 전달하기 위해서는 삶과 신앙 여정에서 여러 골짜기와 봉우리를 지난 경험이 도움이 된다. 그 가운데서 하나님은 어떤 분이시고 내 삶에서 어떤 일을 행하셨는지 직접 경험하고 깨달을 수 있다. 그래야만 상대방에게 그저 피상적인 충고만을 늘어놓거나 자기 경험이 유일한 해결책인 양 강요하지 않는 지혜와 겸허한 자세를 얻을 수 있다. 먼저 나 스스로를 솔직하고 용기 있게 열어 보이고, 상대방의 말을 경청하고 이해하려 애쓰며, 상대방이 자유롭게 내 경험에 참여하도록 하면 된다. 멘토는 자신의 강점과 약점을 파악해서 그것을 솔직하게 나눌 준비가 되어 있어야 한다. 그것이야말로 멘티와 삶의 한 구간을 같이 걸으며 조언하고 상담하는 중요한 과정이다.

생각해 볼 문제

부지불식간에 당신은 이미 누군가에게 모범이 되었을 수도 있다. 당신을 모범으로 삼고 있는 사람은 누구인가?

누구에게 무엇을 가르쳐 주고 싶은가? 지금 당신의 지원과 도움을 필요로 하는 사람은 누구인가?

어떤 점에서 그에게 도움이 될 수 있을까?

반드시 영적이거나 정신적인 것일 필요는 없다. 그러니 실제적이고 구체적으로 생각해 보라.

5장

상담
자립을 위한 도움

의논 없이 세워진 계획은 실패하지만, 조언자들이 많으면 그 계획이 이루어진다.

−잠언 15:22

상담이란 넓은 의미로 편지나 이메일 등 여러 방법을 통해 다른 사람과 대화를 주고받으며 의사소통하는 것을 뜻한다. 또는 어떤 과제나 문제를 해결하거나 당사자가 스스로 해결책을 발견하도록 실제적이고 구체적으로 지도하는 것이다.

−위키피디아

서로의 영혼을 돌아보는 교제의 기본은 경청이라는 것을 다시 한 번 강조하고 싶다. 상담의 출발점은 경청이다. 상담의 목적은 상대방이 스스로 자기 문제를 해결할 수 있도록 돕는 것이다.

상담은 상대방이 당면한 문제에 대해 이야기하고 성찰하고 정보를 주고 아이디어를 제공하지만, 대신 문제를 해결해 주려고 시도하지는 않는다. 특히 영혼을 돌보는 상담은 인생의 모든 의문을 하나님의 임재 안으로 가져가서 신앙의 관점으로 바라보고 신앙의 방법으로 해결하도록 애쓴다.

성경은 서로 격려하고, 서로 짐을 지고, 서로 도우라고 거듭 권고한다. 이는 상담가를 갖는 것이 우리 삶에 얼마나 중요한지를 분명히 보여 준다. 상담가란 그저 이론적인 조언만을 늘어놓는 사람이 아니라,

상대방 안에 잠재된 능력을 발견하여 사용하도록 뒷받침해 주는 사람이다. 또한 상대방의 실수를 솔직하게 지적해 주며 함께 그의 생각과 계획을 성찰해 보는 조력자다. 물론 상담가가 보고 느끼고 생각하는 것을 상대에게 전하고 제안할 수도 있다. 그러나 더불어 자신의 한계를 분명히 깨닫고 상담가가 심판자가 아니라는 점을 늘 인식해야 한다.

구체적인 예를 들어 보겠다. 나는 친구 한넬로레와 우리 집 식탁에 앉아서 남편과의 관계에 대한 어려움을 토로했다. 그녀는 내 말을 귀 기울여 듣더니 내 마음을 이해할 것 같다고 공감해 주었다. 하지만 그녀는 나와 함께 내 남편에 대해 이러쿵저러쿵 험담을 보태기보다는, 평소 자신이 지켜봐 온 나의 태도에 견주어 현재의 나 자신을 객관적으로 바라볼 수 있도록 도와주었다. 사람은 언제나 자신만을 변화시킬 수 있을 뿐, 절대 억지로 남을 변화시킬 수 없다는 것을 잘 알고 있었기 때문이다. 그리고 그 사실을 내게도 다시 한 번 각인시켜 주었다. "남편이 네가 원하는 모습으로 바뀔 때까지 불평하면서 기다리기만 하는 건 전혀 도움이 안 돼! 남편과의 관계를 개선시키려면 차라리 지금 네 태도 중에서 바꿀 게 없는지, 어떻게 그 첫걸음을 내디딜 수 있는지를 생각해 보는 게 좋을 거야."

예를 하나 더 들어 보자. 몇 년 전 나는 내 멘토이자 상사인 일제 부인의 사무실에서 그녀에게 몇 가지 고민을 털어놓았다. 한꺼번에 해야 할 일들이 너무 많아서 능률적으로 처리하기가 힘들다고 말했다.

또 일의 우선순위를 정하는 것도 몹시 힘들고, 일거리가 좀 줄어들면 더 잘 집중할 수 있을 것 같다고 말했다. 사실 내겐 힘과 시간을 더 많이 투자해서 하고 싶은 다른 일들이 몇 가지 있었다. 하지만 어떻게든 계속하지 않으면 안 되는 일상적인 과제들도 있었다. 하고 싶은 일을 하기 위해 그 일들을 뒤로 제쳐두면 의무를 소홀히 하는 것 같아 마음이 영 편치 않았다.

일제 부인은 내 말을 귀 기울여 듣더니 나와 함께 문제를 하나하나 되짚어 보았다. 그리고 내게 집에 가서 어디에 얼마나 시간이 필요한지, 어떤 일이 중요하고 중요하지 않은지 조용히 생각해 보고 써 오라고 조언했다. 일주일 뒤에 나는 목록을 들고 다시 그녀를 찾아갔다. 그녀는 내가 가져간 목록을 나와 함께 살펴보며 결과를 평가했다. 사실 모든 것을 종이 위에 한번 정리해 보는 것만으로도 전에는 미처 깨닫지 못했던 사실들이 한결 뚜렷해졌다. 일제 부인은 이 산더미 같은 일을 내가 장단기적으로 어떻게 처리해 가야 할지 차근차근 조언하며 길을 밝혀 주었다. 그러자 순식간에 모든 것이 굉장히 간단해 보였다. '그래, 그렇게 하면 되겠구나!' 갑자기 답이 분명해졌다. 그동안 왜 이토록 쉽고 단순한 해결책을 스스로는 발견하지 못했는지 놀라자 그녀가 말했다. "자신에게 지나치게 몰두해 있는 사람은 때때로 큰 나무에 가려진 숲을 보지 못하는 법이지. 그럴 때 문제 속에 파묻히지 않고 문제 밖에서 전체를 아울러 볼 수 있는 상담가가 곁에 있다는 건 참 멋진 일이야."

상담의 목적은 더 많은 지식을 전달하는 것이 아니라 상대방이 문제를 스스로 해결할 수 있도록 돕는 것이다. 그러기 위해서 상담가는 상대방의 문제에 함몰되지 않고 적당한 거리를 유지하여 큰 그림 전체를 조망할 수 있어야 한다. 또한 상대방 역시 자기 문제를 한 걸음 뒤에서 성찰할 수 있도록 적절한 질문들을 던지며, 자신의 시각과 의견도 솔직하고 용기 있게 제안하고 나누어야 한다. 상담가가 경청의 기술을 익혀야 하는 것이 바로 이 때문이다. 진정으로 경청한 사람만이 올바른 충고를 할 수 있고 적절한 질문을 던질 수 있기 때문이다.

실천해 봅시다

다음 아홉 개의 점을 서로 연결된 네 개의 직선을 이용하여 이어 보라. 이때 연필을 종이에서 떼면 안 된다(답은 194쪽에 있다).

O   O   O

O   O   O

O   O   O

틀 벗어나기

위의 수수께끼를 풀어 보려는 대부분의 사람들이 좌절하는 이유는 점이 있는 영역 안에서만 답을 찾기 때문이다. 그러나 이 문제는 정해진 틀을 벗어나 주어진 것 밖에서 새로운 기준점을 찾아야만 풀 수 있다.

이것은 우리가 삶의 문제에 대한 답을 찾을 때도 익숙한 사고의 틀을 넘어서야 함을 보여 주는 좋은 예다. 그러나 혼자서는 그 익숙한 영역을 넘어서기 어렵다. 자기 생각이라는 제한된 틀 안에 갇혀 있을 때가 많기 때문이다. 그러나 그 안에서는 위의 문제처럼 절대 풀리지 않는 삶의 문제들이 있다. 바로 이럴 때 상담가는 상대방이 그 틀을 벗어날 수 있도록 새로운 시각과 지평을 열어 주는 역할을 한다.

우리가 자신의 생각과 신념에 사로잡혀서 문제 해결의 실마리를 전혀 찾지 못하고 있을 때 나타나는 결과는 바로 '알아요, 하지만' 식의 대화다. 상담가는 우리가 도저히 생각할 수도 없고 받아들일 수도 없는 '말도 안 되는' 해결 방안을 제시하기도 한다. 그럴 때 우리는 이렇게 반응한다. "예, 다른 경우라면 가능할 거예요. 하지만 이 문제는…" "좋은 생각이긴 해요. 하지만…" "그렇게 생각할 수도 있겠지요. 하지만…" 이런 경우에는 서로 아주 솔직하고 분명하게 의견을 나누어야 한다. 그러기 위해서는 서로를 깊이 존중하는 신뢰가 관계의 바탕에 깔려 있어야 한다. 신뢰가 바탕이 되지 않은 경우에는 솔직하고 분명한 조언일지라도 또 하나의 폭력이 될 수 있기 때문이다.

<u>문제를 푸는 엄한 사랑</u>

프리랜서 직업인에게는 가장 많은 일거리를 주는 사람과 친하게 지내

는 것보다 더 중요한 일은 없을 것이다. 나는 텔레비전 방송 진행자이자 라디오 방송인으로서 세 군데의 ARD(독일 연방공화국 공영방송국 연합체) 방송국에서 일한다. 하지만 어디에도 고정으로 매여 있지는 않다. 방송국에 사무실도 없다. 그저 필요에 따라 고용될 뿐이지만 다행히 일거리는 거의 정기적으로 주어졌다. 나는 지난 십수 년간 동료들과 되도록 좋은 관계를 유지하려 애썼다. 아이디어를 구상하거나 진행 방식을 의논할 때에도 내게 일을 맡기는 사람과 가능한 한 개인적인 자리에서 편안하게 만나 대화를 나누어 왔다. 카페에서 만나기도 했지만 역시 가장 좋은 곳은 집이었다. 그래서 나와 일하는 실무자들은 단순히 업무 관계로만 얽혀 있다는 느낌을 받지 않았다. 우리는 만날 약속이나 수정 사항, 요구 사항, 평가에 관한 의견은 대부분 휴대폰으로 주고받았다. 또한 목표를 달성하면 함께 축하하며 기뻐했고, 설사 목표를 이루지 못했을지라도 고통을 기꺼이 함께 나누었다. 성과는 서로 칭찬하고 실수는 용서했다. 일의 시작부터 마무리까지 서로 존중하고 일을 즐기는 분위기에서 작업이 진행되었다.

그러던 어느 날 방송국에서 대대적인 구조 조정과 더불어 인사 개편을 하면서 이 유쾌한 사람들이 한꺼번에 떠나게 되었다. 그들은 여전히 소중한 친구였지만 더 이상 동료나 상사는 아니었다. 그들이 떠나자 나는 느닷없이 일의 주제, 날짜, 형식을 미리 다 결정해서 문서를 통해 공식적으로 통보하는 사람들과 일하게 되었다. 수정을 원하는 부분이나 의견을 제시할 일이 있어도 개인적으로 의견을 주고받는 게 아니라 서류 형식으로 정리해서 회의석상에서 '발표하고 전달해야' 했다. 의사소통도 문제없었고 일도 빈틈없이 진행되었지만, 이전처럼 따뜻한 우정 어린 분위기는 더 이상 찾아보기 힘들었다. 모든 것이 흠잡을 데 없이 전문화되었지만 화기애애한 동료애나 유머는 전혀 찾아볼 수 없었다. 그 공간 안에는 다음과 같은 무언의 기대가 떠다녔다(적어도 내겐 그렇게 느껴졌다). '친구나 수호천사들 없이도 당신이 잘 해낼 수 있다는 걸 한번 증명해 봐. 새로 온 사장이 깜짝 놀랄 만한 능력을 어디 한번 보여 보라고…'

나는 그런 분위기에 전혀 적응할 수 없었을 뿐만 아니라 심한 모욕감마저 느꼈다. 마치 자동차 운전면허 실기시험을 치르는 열여덟 살짜리 애송이가 된 심정이었고, 누군가가 코를 닦아 주어야 하는 어린애 취급을 받는 기분이었다! 그러면 나는 내가 상처받았다는 사실에 또다시 화가 나서 이렇게 외치며 마음을 다잡았다. "그렇게 죽는 시늉하지 마. 다 괜찮아. 넌 아직 끄떡없어. 지금까지 멋지게 잘해 왔고, 앞으로도 잘할 수 있어. 수많은 프리랜서들이 일거리를 주는 사람과 적당한 계약 조건을 찾지 못해 입에 풀칠하기도 힘든데, 넌 지금 잘 하고 있는 거라고."

유감스럽게도 내 분노는 일을 위한 에너지로 바뀌지 못했고, 방송을 하면 할수록 죽을 쑤었다. "그 사람은 이 일에 적합하지 않아요. 하지만 지금까지 해 왔으니 할 수 없죠. 다시 한 번 맡겨 보는 수밖에…" 나를 보는 주변의 평가는 대충 이런 분위기였고, 그 가운데에서 나는 능력을 제대로 발휘하기 힘들었다. 사람이란 다른 사람들의 기대를 어떤 식으로든 충족시키기 마련이니까. 그것이 부정적인 기대라 할지라도! 일은 갈수록 더 꼬였고, 나는 몇 주 동안 밤마다 뒤척이며 복수를 계획하고 허물어뜨리기를 반복했다. 그러다 드디어 아내에게 이제 이런 구걸 행위는 더 이상 못하겠다고 선언했다. 그러자 아내가 대답했다. "우린 씀씀이를 줄이면 충분히 살 수 있어요. 나는 내 남편이 돈을 많이 벌기보다 먼저 행복했으면 좋겠어요." 하지만 그 후로도 일 년 반 동안이나 아내는 그리 행복한 남편을 갖지 못했다.

특히 잘 안 풀리는 방송을 한 다음날 아침, 가장 친한 친구가 전화를 해 왔다(이제부터 그를 '상담가'라고 하자).

"이봐, 내가 어제 텔레비전에서 누군가를 봤는데, 당신이랑 몹시 닮았더군. 하하하. 마치 당신이 아닌 딴사람 같았어."

"족집게로군. 어제 방송에서 다룬 주제도 인터뷰 상대도 내 마음에 안 들었지만 좋은 척해야 했지."

"하지만 어제 연기를 그리 썩 잘하지는 못했어. 딱하게도 그를 좋아하지 않는다는 게 다 드러났다고."

"맞아. 솔직히 그건 내 자존심을 짓밟는 방송이었어."

친구는 몇 초간 잠시 침묵했다. 그건 드문 일이었다. 그러더니 단호한 소리로 말했다.

"왕자님, 이제 그만 자만의 성에서 빠져나오시죠."

나는 언성을 높였다.

"그건 자만과는 전혀 상관없는 일이야! 난 나를 대하는 회사 사람들의 따가운 시기와 질책의 눈총을 감당하기 힘들다고. 이젠 나를 진정으로 원하고 존중하는 사람들을 위해서만 일할 거야!"

그러자 내 상담가가 껄껄 웃으며 말했다.

"그러니까 프리마돈나는 붉은 카펫이 깔린 다음에만 등장하시겠단 말이지? 그건 아니야. 우리 언제 한번 만나도록 해!"

그 친구 부부가 우리 집을 방문했을 때 우리 부부와 함께 넷이서 차가운 겨울 숲길을 한참 동안 산책했다. 나는 그동안 직장에서 일어난 힘겨운 변화들을 그에게 모조리 쏟아 놓았다. 새로운 사장과 동료들의 마음에 들기 위해 그들이 제시하는 조건을 거의 다 받아들이고 지시하는 대로 따르며 나름 애썼지만 결국 아무도 만족시킬 수 없었다고. 마이크와 카메라는 절대 속일 수 없으며, 아무리 티를 안 내려 해도 그들에 대한 내면의 거리감과 일에 대한 의욕 상실은 목소리나 얼굴에 고스란히 묻어났다고.

"그렇다고 사장에게 대드는 건 전혀 도움이 안 돼."

내 상담가가 말했다.

"내가 볼 때는 그가 당신을 능력 있는 동료로 인정하지 않는 것과 마찬가지로 당신도 그를 능력 있는 상사로 인정하고 있지 않아. 그 점에서 둘은 똑같아."

나는 내 상담가에게 나를 회의적으로 보는 그들과 맞서 싸우려고 그동안 내가 얼마나 애썼는가도 토로했다. 나는 때로 고집을 부렸고,

약속을 무시했고, 회의에서도 공격적인 태도를 취했다.

"오호, 그래, 완전 끝장을 볼 심산이었군."

막 내린 눈이 금세 쌓여 발밑에서 뽀드득 소리를 냈다. 뒤처진 아내들은 느릿느릿 천천히 따라왔다.

"하지만 아무 소용없었어."

내가 한숨을 쉬며 고백했다.

"게다가 지금까지 당신을 지지해 왔던 사람들조차도 등을 돌리고, 회사 분위기는 더 엉망이 됐을 거야! 맞지?"

나는 차가운 겨울 공기 속에 피어오르는 내 입김을 묵묵히 따라가다가 갑자기 반항기가 치솟아 이렇게 내뱉었다.

"그만둬 버릴 거야. 도저히 더는 못 견디겠어!"

내 '상담가'는 잠시 아무 말도 하지 않았다. 비록 우리가 '상담가'라는 용어를 한 번도 직접 사용한 적이 없었고, 심지어 그는 나보다 열 살이나 어렸지만 그는 진정한 내 상담가였다. 그의 침묵은 우리가 어느 언덕배기에 올라설 때까지 계속되었다. 그런데 거기서 그의 '산상설교'가 시작되었다.

"중용을 유지해. 자기연민에 빠진 순교자 행세는 그만두고. 왜 스스로 화형대 위에 오르려고 하지? 사실 직장에서 의도적으로 왕따당하는 것도 아니고 시험당하는 것도 아니잖아. 다만 새로 바뀐 상사는 이전 상사처럼 당신을 창의적인 동료로 보지 못하고, 그저 자신에게 익숙한 권위적인 사고방식으로 당신을 아랫사람으로 보는 것뿐이야. 그들은 공적인 관계와 사적인 우정을 명확하게 구분할 뿐이고, 당신을 먼저 한 인간으로 사랑하기 이전에 직원으로서 좋은 업무 능력을 얻어내고 싶어 하는 거라고. 그렇게 우정 어린 관계 대신 단순히 동료 관계를 지향하고, 드러내 놓고 추켜세우는 대신 은근히 얕잡아 보는 것도 직업 세계에선 아주 흔한 현상이야. 그게 그리 바람직한 건 아니지만 전혀 비정상적인 상황도 아니라고. 객관적으로 봤을 때 그것이 당신 생각만큼 그렇게 나쁜 건 아니라는 말이지!"

어느새 다가온 두 여성은 목사님의 말씀에 '아멘'과 '할렐루야'로 화답하는 열정적인 여신도처럼 그의 말에 연신 맞장구를 쳐 댔다. 그러나 나는 여전히 회의적이었다.

"그게 구체적으로 무슨 뜻이야?"

"구체적으로 말하자면, 새로운 경기 규칙을 받아들이라는 거야. 이전의 성공들을 인정받겠다는 기대를 버리고, 바로 지난 회 방송에서 보였던 당신 능력만큼만 인정받는다는 점을 분명히 해. 지난 승리를 위한 월계관도 없고 앞으로의 승리를 위한 월계관도 없어. 당신은 매번 능력을 새롭게 증명해야 해. 다른 데서 얼마나 친하고 허물없이 지냈는지도 자꾸 들먹이지 말고! 그래 봤자 동료들의 시기로 현재 관계만 더 악화될 뿐이야. 그리고 회의 때 열이 치밀어 오르더라도 비난 대신 제안을 하고!"

우리는 방향을 돌려 계곡 쪽으로 걸었다.

"그러면 뭐가 달라질까?"

"당신에게 일을 맡기는 상사와 동료들이 당신을 대하기가 한결 수월해질 거야. 예전에 함께 일했던 동료들도 당신과 새로 들어온 사람들 사이에서 불편했던 마음이 한결 가벼워질 테고."

"하지만 난 마음을 가볍게 하고 싶다고."

"지금은 안 돼."

우리 둘 중 누구도 이런 대화를 '멘토링'이나 '코칭' 또는 그 밖의 다른 비슷한 명칭으로 부르진 않는다. 우린 그저 친구로서 서로의 일상에 일어나는 일에 깊이 관여하고 의견을 나눌 뿐이다. 하지만 그것은 가끔씩 획기적인 변화를 가져왔다. 우리는 적절한 순간에 서로를 구해 주는 '일상 상담가'였기 때문이다. 우리는 상담이나 코칭에 관한 전문 지식이 없으므로 교과서적으로 '제대로' 하는지 아닌지 모른다. 그러나 서로를 위해 "문제의 핵심을 말하라"는 마르틴 루터의 조언을 지키려 노력한다. 왜냐하면 프란치스코파 수사인 리처드 로어(Richard Rohr)가 명명한 '엄한 사랑'이 버터처럼 부드러운 연민이나 지나치게 감정이입된 동지 의식보다 훨씬 더 큰 도움을 준다는 걸 경험했기 때문이다.

이 산책의 결과를 해방의 출구라 불러도 될 듯하다. 내가 드디어 마음가짐을 바꾸고 소위 '정치적 공정성'(political correctness)을 지향하는 방송국의 냉담한 분위기에 순응했을 때, 가장 완고하고 혹독했던 상사가 갑자기 다른 프로그램으로 옮겨 가는 일이 생겼다. 게다가 '규정에 얽매인 직업상의 연합'이 슬슬 재미있어졌고, 이전에 그토록 끔찍했던 동료들과의 관계도 서서히 창의적이고 우호적인 팀 활동으로 변해 갔다.

겨울 숲 속에서의 이 탁월한 '일상 상담'을 성공적으로 마치고 우리는 온몸이 꽁꽁 언 채 집으로 돌아왔다. 벽난로에 불을 지피고, 아내들은 요리를 하고, 우리는 재미난 영화를 보며 오래 묵힌 이태리 산 포도주를 즐겼다. 모두가 좋아하는 미국의 풍자가 마크 트웨인(Mark Twain)은 이렇게 말했다. "당신이 올바를 때는 모두가 당신의 친구다. 그러나 당신이 잘못된 길로 갈 때 여전히 친구로 남는 자는 누구인가?"

–안드레아스 말레사

상담할 때는 '옳고 그름'을 따지는 것이 중요하지 않다. 상대방의 잘못을 '호되게 꾸짖는' 것도 상담의 목적이 아니다. 일상 상담의 목적은 상대방에게 내가 보고 듣고 느낀 것을 강요하지 않되 가능한 한 솔직하게 전달하는 것이다. 그럼으로써 상대방이 스스로 자신의 생각과 감정과 목적을 분명히 파악하고 점검하도록 돕는 것이다.

6장

삶의 방향 잡기
구체적인 목표 정하기

소원, 의도, 목표에 대해

일상 상담은 대부분의 경우 상대방이 하는 말을 그저 주의 깊게 듣고 스스로 해결책을 찾도록 하나님의 말씀을 함께 듣는 것만으로도 충분하다.

이제 그것을 실천하기 위해 이론에서 실제로 들어가 보자. 상담자는 상대방이 이루고 싶어 하는 것을 다 정의내릴 필요도 없고, 그 목적을 어떻게 달성할 것인지 방법을 다 알아야 할 필요도 없다. 그리고 그 목적을 이루는 책임을 다 떠맡을 필요도 없다. 그저 제삼자로서 본인의 지식과 경험을 통해 상대방의 문제를 함께 돌아보며 해결책을 찾아가면 된다.

그러나 상대방이 원하는 목표를 구체화할 필요는 있다. 목표가 구체적이어야만 이룰 수 있기 때문이다. 예를 들어 '나는 더 좋은 동료가 되고 싶어' '나는 더 나은 엄마가 되어야 해' 같은 것은 막연한 소원과 바람일 뿐 목표는 아니다. 이는 너무 포괄적이어서 구체적인 실천 방법을 정하기도 힘들고, 나중에 정말 그렇게 되었는지 아닌지 검증하기도 힘들기 때문이다.

소원은 막연히 뭔가를 해 봤으면 하는 바람이다. 이를테면 좀더 자신감을 갖고 싶다든지, 어디론가 여행을 떠났으면 좋겠다는 바람이 소원이 될 수 있다.

의도는 소원을 이루기 위한 실천 방안이다. 예를 들어 좀더 자신감을 갖기 위해 뭔가를 시도하려는 것이다. 그러나 구체적으로 내가 할 수 있는 일은 무엇이며, 그것을 하지 못하도록 방해하는 것은 무엇인가와 같은 질문에 분명히 답을 해야 한다. 그렇지 않으면 어떻게 목표를 달성해야 하는지 그 방법을 정확히 파악할 수 없기 때문에 의도는 그저 계획을 나열한 것에 그칠 뿐 실천으로 이어지기는 어렵다.

목표는 등대처럼 행동에 분명한 방향을 정해 준다. 이 '등대'에 비추어 바른 방향으로 가고 있는지 늘 새롭게 점검할 수 있다. 올바르고 의미 있고 합리적인 목표를 정했다면, 구체적으로 어떤 걸음을 어떻게 언제까지 옮길 것인지를 정하라. 모든 것을 그 목표에 맞추어야 한다.

목표를 향해 바른 방향으로 가려고 늘 애쓰는 것은 절대 쉬운 일이 아니다. 목표에 이르는 데 적용해야 할 중요한 원칙은 실패하더라도 결코 낙심하지 않는 것이다. 우리가 걸음마를 배울 때 이 원칙을 적용하지 않았더라면, 대부분의 사람들은 여전히 기어 다니고 있을 것이다.

동기심리학은 목표를 정할 때 다음 방식을 제안한다.

분명한 목표 설정과 점검

목표를 세울 때에는 다음 사항을 염두에 두어야 한다.

구체적으로 인식할 수 있는 목표 세우기:
목표 달성 후 나타날 결과를 구체적으로 상상할 수 있어야 한다. 예를 들어 '다음 회의 때는 내 의견을 솔직하게 말할 거야'라고 목표를 정했다면, 그때 정확히 어떤 자세를 취하고 어떤 말을 하며 주위 사람들은 그 말에 어떤 반응을 할지 눈앞에 생생히 그림을 그려 봐야 한다.

긍정적인 목표 세우기:
사람들은 도달하고 싶은 것이 아니라 피하고 싶은 것을 목표로 세울 때가 많다. 그러나 단순히 어떤 일이 일어나는 것을 예방하기 위한 목표는 소극적이고 부정적인 경우가 많다. 또한 그것은 미래지향적이라기보다 사실상 옛 것에 여전히 묶여 있는 셈이 된다. 목표를 세울 때는 긍정적이고 적극적인 방향에 초점을 맞추어야 한다. 바울의 본을 따라서 뒤에 있는 것은 잊어버리고 앞에 있는 것을 붙잡으려고 좇아가야 한다(참고. 빌립보서 3:13-14). 옛 것을 회피하는 것보다 새 것을 연습하는 것이 더 중요하다. 따라서 목표는 "더 이상 수줍어하거나 소극적인 사람처럼 행동하고 싶지 않아"가 아니라 "앞으로는 지금보다 자신감 있게 행동할 거야"처럼 세워야 한다.

상황 변화의 주도권 갖기:
우리는 자기 힘으로 도달할 수 없는 것을 목표로 세울 때가 많다. 목표를 성취하는 것이 다른 사람이나 주변 상황에 달려 있다면 그것은 내가 통제할 수 없는 영역에 있다. 예를 들어 목표를 "A가 내 말을 경청하도록 하겠어"라고 정했다면, 목표의 달성 여부는 주로 A에 달려 있다. 뭔가를 변화시키려면 먼저 나 자신으로부터 시작해야 한다. 따라서 나 스스로에게 이렇게 묻는 것으로 시작해야 한다. "A에게 꼭 전달하고 싶은 내용이 무엇인가? A와 내가 의사소통하는 데 내 태도에는 아무런 문제가 없는가? 내가 지금까지 성공적으로 잘해 온 것은 무엇인가? 또 방치해 둔 것은 무엇인가? 내가 아직 한 번도 시도해 보지 않은 것은 무엇이며, 좀더 집중적으로 시도해야 할 것은 무엇인가?" 이런 질문으로부터 시작해야 주도권을 잡고 자기 힘으로 목표에 이를 수 있다.

그러나 그리스도인들은 '자기 주도적'으로 해낼 수 없는 것들을 '하나님 주도적'으로 이룰 수 있기 때문에 동기심리학의 한계를 넘어설 수 있다. 우리는 하나님께 내 이웃의 눈을 열어서 문제의 핵심이 무엇인지 보게 해 달라고 기도할 수 있다. 하지만 이전에 먼저 예수님이 말씀하신 '들보와 티'의 비유를 늘 염두에 두어야 한다. 그리고 이렇게 기도해야 한다. "주님, 내 눈을 열어서 목표에 이르지 못하게 하는 장애물이 내게 없는지 보게 하소서!"

상황에 맞는 목표 정하기:
목표는 가능한 한 작은 단계로 나누어 접근해야 한다. 내가 최종적으로 도달하고 싶은 곳은 어디인가? 그렇다면 내가 내디뎌야 할 다음 걸음은 무엇인가? 그것을 위해 어떤 환경과 자원을 이용할 수 있는가? 나를 지원해 줄 수 있는 사람은 누구이며 반대하는 사람은 누구인가? 내가 감수하고 치러야 할 대가는 무엇인가? 목표는 이런 세부적인 앞뒤 상황을 고려해서 정해야 한다.

숨은 의도 파악하기:
목표를 이루기 위해 구체적인 방법을 실천할 때 문제가 생긴다면 어딘가에 장애물이 있다는 뜻이다. 그렇다면 해결해야 할 과제가 무엇인지 정확히 찾아내야 한다. 특히 자신도 모르게 자신이 원인을 제공한 부분은 없는지 살펴볼 필요가 있다.

자신도 선뜻 이해하기 힘든 행동을 할 때는 대부분 무의식적인 '의도'가 숨어 있는 경우가 많다. 예를 들어 "다음번엔 내 생각을 솔직하게 말할 거야"라는 목표를 세웠지만 이상하게 잘 안 될 때가 있다. 그 이유를 곰곰이 생각해 보면, 내면에 어떤 의도가 숨어 있는 것을 발견한다. "나는 다른 사람에게 상처를 주고 싶지도 않고 받고 싶지도 않아. 내 생각을 솔직하게 말하면 이 사람은 상처받지 않을까? 누군가에게 괴로움을 줄 수 있다는 생각만으로도 견딜 수 없어." 이런 의도가 내면 깊이 깔려 있다는 사실을 인식하지 못하면 문제가 생길 수밖에 없다.

따라서 목표를 정할 때는 반드시 자신의 내면을 잘 살펴야 한다. 내 안에 그 목표에 대한 숨겨진 거부감이 없는지 진지하게 파악하고 점검해야 한다. 그리고 그 문제를 해결해야 목표를 이룰 수 있다.

누군가를 상담할 때도 이와 같이 상대방이 가진 문제의 핵심이 무엇인지 알아야 한다. 또한 그가 이루고 싶어 하는 소원과 목표가 무엇인지 정확히 알아내는 것이 중요하다.

내 목표와 하나님의 목표

마지막으로 점검해야 할 사항은 다음과 같다. 나는 왜 그 목표를 이루고 싶은가? 나와 다른 사람들이 그것을 통해 얻는 유익은 무엇인가? 그 목표가 하나님이 내게 주신 기질, 재능, 상황 등과 잘 맞는가? 하나님이 기뻐하실 만한 목표인가?

에베소서는 이 변화의 과정을 다음과 같이 아주 인상적으로 묘사한다. "옛 생활을 청산하고, 정욕에 말려들어 썩어져 가는 낡은 인간성을 벗어 버리고, 마음과 생각이 새롭게 되어, 하나님의 형상으로 창조된 새 사람으로 갈아입어야 합니다"(에베소서 4:22-24, 공동번역).

이 말씀이 묘사하는 변화의 단계는 아래와 같다.

벗어 버리기 – 새롭게 되기 – 갈아입기

거듭남이라고도 부르는 이 단계는 성장과 발전의 모든 형태에도 적용된다. 목표를 이루는 과정은 먼저 옛것을 놓아 버리고, 방향을 맞추고 가다가 넘어지면 또 다시 일어나서 목표를 향해 새로이 방향을 잡고 계속 가는 것이다. 목표에 다다를 때까지.

콘라트 로렌츠(Konrad Lorenz)는 이렇게 말했다. "말을 했다고 해서 누군가 정말로 그 말을 들었다고 말할 수는 없다. 어떤 말을 들었다고 해서 그것을 정말로 이해했다고 말할 수는 없다. 어떤 것을 이해했다고 해서 정말로 그것에 동의했다고 말할 수는 없다. 어떤 것에 동의했다고 해서 반드시 그것을 적용한다고 말할 수는 없다. 적용했다고 해서 그것을 계속 유지한다고 말할 수는 없다." 목표를 머리에서 일상으로 가져오려면, 전체를 조망하면서 작지만 한 걸음씩 내딛는 용기가 필요하다.

신약 성경에 나오는 여러 만남을 살펴보면, 예수님이 확고히 결단을 내리고 분명한 목표를 정하는 일을 얼마나 중요하게 여기셨는지 알 수 있다. 삶의 우선순위를 어디에 두어야 할지 예수님께 물은 부자 청년, 옛 생활을 다 버리고 예수님을 따른 제자들, 예수님으로부터 "네가 낫고자 하느냐"는 질문을 받은 병자들…. 이들은 모두 예수님을 만나 삶을 변화시킬 수 있는 동일한 기회를 가졌다. 그러나 모두가 변한 것은 아니었다. 스스로 목표를 분명히 정하고 용기 있게 그 길을 향해 나선 사람들만이 진정한 변화를 경험했다.

네가 낫고자 하느냐

네가 낫고자 하느냐,
아니면 계속 열이 난 채로 있겠느냐?

돈을 향해, 명예를 향해, 권력을 향해,
소유를 향해, 쾌락을 향해, 욕망을 향해!
네가 일어나고자 하느냐,
아니면 계속 매여 있고 싶으냐?
자녀에게, 네 욕심에,
이웃의 시선에, 남들의 평가에!
네가 낫고자 하느냐?
그러면 일어나서 네 자리를 들고 걸어가라!
—요제프 디른베크 & 마르틴 구트, 「내가 믿는 분을 나는 아네」(*Ich weiß, wem ich glaube*) 중에서

상담을 할 때는 상대방이 정말 원하는 것이 무엇인지, 그가 목표를 이루기 위해 기꺼이 노력할 준비가 되어 있는지를 분명히 점검해야 한다. 예를 들어 다음 목표가 있다.

나는 X라는 상황을 바꾸고 싶다. 그렇다면 다음 사항을 실천해야 한다.
1. 하나님과 대화하기: 제게 중요한 것이 무엇입니까, 그리고 하나님께 중요한 것은 무엇입니까?
2. 현실적인 목표 세우기: 내가 이루고 싶은 것은 무엇인가? 그것은 실현 가능한 것인가?

3. 구체적으로 해야 할 계획 세우기: 시간 분배 등.
4. 스스로 하기: 내가 해야 할 일은 무엇인가? 내가 할 수 있는 일은 무엇인가?
5. 도움 구하기: 누구의 도움이 필요한가? 어떻게 도움을 구할 것인가?

목표를 이루는 과정의 첫걸음은 하나님과 대화하고 그다음에는 믿을 만한 사람들과 대화하는 것이다. 목표에 이르는 길에 해결해야 할 어려운 문제가 생긴다면 다시 출발점으로 돌아간다. 하나님과 상담자와 의논하여 목표를 재점검한다. 고쳐야 할 것이 있다면 수정하면서 계속 목표를 향해 앞으로 나아가면 된다.

기도가 아무 소용없는 것처럼 일하고,
일이 아무 소용없는 것처럼 기도하라.
-마르틴 루터

목표를 향해 한 걸음씩 내걸을 때에도 제대로 된 방향으로 가고 있는지 수시로 점검해야 한다. 그러나 그것은 체중계로 정확한 수치를 확인할 수 있는 다이어트와는 달리 확연한 구분이 어려울 수 있다. 그러므로 다른 사람들에게 조언을 듣는 것이 좋은 방법이다. 조언을 부탁받은 상담가는 상대방이 비현실적인 목표와 방법으로 낙심하지는 않는지 살펴야 한다.

실천해 봅시다

과거에 당신에게 조언해 주었던 상담가들을 떠올려 보라. 의도는 좋았지만 전혀 도움이 되지 않았던 경우가 있는가? 그렇다면 그 원인은 무엇이었는가? 그 조언을 받아들일 수 없게 한 장애물이 당신에게 있었는가? 아니면 상담가의 조언 방식에 있었는가?

반대로 상담가의 조언이 정말 큰 도움이 되었던 적이 있는가? 당신이 그 조언을 기꺼이 받아들여서 실천할 수 있었던 원인은 무엇인가? 그 조언이 실제적인 도움이 되도록 상담가가 기여한 점은 무엇이며, 당신 스스로 기여한 점은 무엇인가?

과거의 이 경험에서 배울 점은 무엇인가?

7장

동행하며 돕기
서로 짐을 나눠 지기

서로 돌보는 문화

동행은 단순한 상담 이상의 행위다. 그것은 일상에서 계속 이어지는 상담이다. 영혼을 돌보는 상담이란 대화만을 뜻하지 않는다. 대부분의 문제는 대화를 나눈 후에도 계속되기 때문에 먼 안목과 긴 호흡으로 함께하는 상담이 필요하다. 그래서 동행은 말뿐 아니라 행동으로 이루어진다.

"여러분은 서로 남의 짐을 져 주십시오. 그렇게 하면 여러분이 그리스도의 법을 성취하실 것입니다"(갈라디아서 6:2). 이 말씀은 진정으로 서로를 돌보는 문화에 대해 말하고 있다. 그리스도인은 서로에게 짐을 지우거나 말로만 조언하는 대신 서로 짐을 나누어 져야 한다. 우리는 서로 짐을 나누어 지고 동시에 우리 짐을 하나님께 맡김으로써 그리스도의 법을 이룬다.

모든 사람은 어떤 형태로든 각자의 짐을 짊어지고 살아간다. 육체적·정신적 짐과 업무나 가족의 짐뿐만 아니라 가끔은 병중에 있는 누군가를 돌보거나 다른 사람의 재정적인 위기까지 떠맡아야 하는 경우도 있다. 잠시만 견디면 되는 짐도 있지만, 오랜 기간 삶을 옥죄는 벅찬 짐도 있다. 그런 숨 막히는 부담 속에서 거의 아무런 변화도 없는 지루한 상황이 계속되다 보면, 견디다 못해 주저앉기도 한다. 이렇듯 힘들고 지친 삶 가운데 처한 사람과 신뢰를 바탕으로 한 든든한 관계를 맺는 것 자체가 상담이다. 일상 속에서 그와 동행하며 그의 짐을 나눠 지는 것은 영혼을 돌보는 상담의 중요한 방법이다.

종종걸음 집사님

나는 치매에 걸린 어머니를 9년간이나 홀로 돌봐야 했다. 그나마 다행이었던 것은 내가 은퇴해서 연금을 받고 있었다는 사실이다. 그런 재정적 지원이라도 없었다면 여자 혼자 치매 환자를 돌보는 건 불가능했을 것이다. 어머니 곁에는 늘 내가 붙어 있어야 했다. 잠시 장을 보러 가거나 외출을 하거나 교회에 갈 때에는 간병인을 고용해야 했다. 처음에는 사람들이 우리 집에 놀러 오기도 하고 우리를 초대하기도 했으나, 우리가 점점 그들에게 부담이 되자 방문하는 사람도 줄어들었고, 다른 사람을 접촉하는 것 자체가 어려워졌다. 그렇다고 내 쪽에서 먼저 연락하는 것은 더 힘들어서 나는 점점 고립되었다. 그동안 사람들은 내가 이런 상황을 어떻게 감당해 내는지 놀랍다는 말들을 많이 했다. 그러나 정작 "내가 뭐 도와줄 만한 일 없어?"라고 물어봐 준 사람은 거의 없었다. 이 사람 저 사람에게 도움을 부탁하러 다니는 건 차마 내 성미에 맞지 않았다.

그러면서 교회 가는 횟수도 점점 줄어들었다. 물론 주된 이유는 어머니를 혼자 둘 수 없었기 때문이지만, 한편으론 언제부턴가 교회에서도 소외감을 느꼈기 때문이다. 교회에 정기적으로 나가지 않으면 모든 교제권에서도 떨어져 나올 수밖에 없으니까 말이다. 그러던 어느 날 심방을 오겠다는 목사님의 연락을 받았다. 왜 요즘 교회에 통 나오지 않느냐는 목사님의 질문에 나는 머리를 한 대 얻어맞은 것 같은 충격을 받았다. 내가 왜 교회를 못 나가는지 온 교회 사람들이 그 이유를 잘 알고 있으리라고 생각했는데, 그게 아니었던 것이다. 그날 오후 목사님은 내가 왜 교회에 못 나갔는지 '생방송으로' 똑똑히 보았다. 우리와 함께 식탁에 앉은 어머니는 식탁 위에 있는 것들을 온통 주물러 댔다. 울다가 웃다가 알아들을 수 없는 말을 중얼거리기도 했고, 갑자기 일어나서 선반에 있는 물건들을 여기저기 집어던지기도 했다. 헤어질 무렵 목사님은 내 손을 붙들고 주께서 내게 힘 주시길 간절히 기도하셨다. 그게 다였다. 그는 그밖에 다른 어떤 도움도 제공하지 않았다.

이 방문은 나를 위로하기는커녕 더 맥 빠지게 만들었다. 완전히 혼자 버려진 느낌이었다. 나를 도와줄 사람은 아무도 없으며 결국은 모든 걸 혼자 감당해 낼 수밖에 없다는 처절한 깨달음을 한층 더 분명하게 얻었을 뿐이다. 그러나 그것은 너무 이른 절망이었다. 목사님의 심방은 곧 선한 열매를 가져왔다. 목사님은 교회 안의 여집사님 두 분에게 내 상황을 알리고 가끔 나를 찾아가서 돌봐주도록 부탁하셨다. 종종걸음을 치며 사랑을 나누는 일에 열심이어서 '종종걸음 집사님'으로 불렸던 두 분은 기꺼이 그 제안을 받아들였다. 말하자면 이들은 거창하게 말로 떠들기보다 '몸으로 섬기는 사랑'을 베푸는 유형이었다.

곧 두 집사님이 우리 집을 처음으로 찾아왔다. 우리가 차를 마시는 동안 어머니는 옆에서 잠시 조용히 케이크를 우물거리다가 곧 이것저것을 사방으로 집어던지기 시작했다. 두 사람은 별로 대수롭지 않은

듯 조금도 동요하지 않았다. 그리고 내가 꼼짝없이 집에만 묶여 있어야 하는 상황을 직접 보고 난 뒤, 그들은 내가 나만의 시간을 가질 수 있도록 일주일에 한 번씩 찾아오겠다고 제안했다. 나는 머뭇거리며 그 제안을 받아들였지만, 과연 그들이 어머니를 잘 감당해 낼 수 있을지 몹시 불안했다. 그러나 다음 주 목요일에 그들은 갓 구운 케이크와 차를 바구니에 담아 들고 약속대로 다시 우리 집에 찾아와서 어머니와 함께 식탁에 앉았다. 그들 옆에서 어머니는 케이크를 손가락으로 뭉개고 차를 엎지르고 있었지만 그들은 전혀 신경 쓰지 않고 그저 조용히 어머니도 아는 옛날 찬송가를 불렀다. 그리고 어머니와 함께 기도하며 어머니를 돌보았다. 그때부터 그들은 매주 찾아왔다. 그 덕분에 나는 조용히 장을 볼 수 있었다. 심지어 카페에서 친구들을 만나 새 힘을 충전해서 다시 집으로 돌아올 수 있었다. 뿐만 아니라 두 집사님은 나를 치매환자 가족 모임에 연결해 주었고, 매주 교회 소식도 들려주었다.

이 두 분을 통해 나는 "서로 짐을 나눠 지라"는 말씀을 몸소 체험했다. 그러는 동안 어머니는 돌아가셨고, 이제 우리 세 여자들은 교회 안에서 도움이 필요한 사람들을 직접 찾아가 도와주는 것을 사명으로 여기며 함께 종종걸음을 치며 다닌다. 이 일이 얼마나 재미있는지 모른다!

−게르트루데 뮌스터

"서로 짐을 나눠 지라"는 말씀은 우선 마음가짐에 해당하는 문제지만 결국은 행위의 문제로 귀결된다. 우리가 진정 서로 짐을 나눠 질 때 세상은 우리를 통해 하나님의 사랑을 보게 될 것이다.

8장

위기 때 서로 돕기

믿음의 영웅들도 위기를 당한다

'위기'(crisis)라는 말은 '나누다' '구분하다'라는 뜻의 고대 그리스어 '크리나인'(*krinein*)에서 파생되었다. 독일 두덴 사전은 위기를 "어려운 상황과 시간 또는 위험한 과정의 정점이나 결정적인 전환점"이라고 정의한다.

금방 지나가는 위기도 많지만, 오래 지속되어 당사자를 인내의 한계로 몰고 가는 위기도 많다. 위기는 내가 뭔가를 변화시킬 수 없다고 느끼는 상황이나 변화시킬 수 없는 그것을 견뎌 내야 하는 상황에서 발생한다.

모든 사람은 삶의 문제를 감당하고 풀어 나가는 나름의 전략을 갖고 있다. 위기를 만나면 어금니를 꽉 깨물고 버티는 사람이 있는가 하면, 안전조치를 취하려고 동분서주하는 사람도 있다. 한편, 다른 사람들에게 도움을 청하는 사람도 있고, 자기 속으로 더 깊이 움츠러드는 사람도 있다. 또한 위기를 만나면 하나님께 기도하는 사람이 있는가 하면, 하나님을 욕하는 사람도 있다. 대부분의 경우, 각자에게 익숙한 전략은 위기를 극복하는 데 도움이 된다. 그러나 삶은 가끔 우리가 지금까지 사용해 온 방법으로는 도저히 해결할 수 없는 난제를 불쑥 던져 주기도 한다. 그런 위기를 만난 성경 속 인물로는 엘리야를 들 수 있다. 엘리야는 하나님을 철저히 신뢰한 믿음의 투사였다. 하나님은 그의 앞에 도전하고 넘어야 할 힘겨운 벽을 끊임없이 허락셨지만, 그는 매번 어려움을 피하지 않고 잘 견디며 멋지게 이겨 냈다. 그런데 정말 놀라운 기적을 체험하고 엄청난 승리를 거둔 영적 전쟁 뒤에 위기가 찾아왔다. 엘리야는 막강한 권력을 행사하는 한 여자의 위협 때문에 그만 절망의 나락으로 떨어지는 경험을 했다. 그는 광야의 바싹 마른 덤불 그늘 아래 누워 죽기를 구했다. "주여, 나를 그만 데려가소서. 나는 내 조상들보다 더 나을 게 없습니다!"

한스 루에디 파이퍼(Hans-Ruedi Pfeifer) 박사는 그런 상황을 '범람하는 강물'에 비교했다. "한 사람이 일을 해내고 스트레스를 이겨 내는 능력은 강바닥의 용량에 비교할 수 있다. 어떤 사람은 강바닥이 넓고 어떤 사람은 좁다. 이 능력이 바로 내적 자원이다. 그런데 이 내적 자원을 오랜 기간 과도하게 사용하면 강바닥은 물을 다 수용하지 못해 넘치고 만다. 그러다 강둑이 무너지고 홍수가 나는 것이다. 그러면 외적 자원을 이용해야 한다. 모래주머니, 펌프, 전문 지식 등을 동원해서 피해를 막아야 한다. 물을 다시 수용할 만큼 강이 안정을 되찾으면, 부가적으로 댐과 물가의 초지(草地)를 설치하여 후일의 위기에 대처하는 방안을 마련할 수 있다."

엘리야는 분명 풍부한 내적 자원을 지녔지만 이 상황에서는 그것이 다 소진되었다. 하나님을 향한 그의 믿음과 수많은 체험들도 더 이상 그를 지탱해 주지 못했다. 요즘 말로 하면 탈진 증후군으로 우울증에 빠졌다. 과거에 경험한 기적들도 썩 도움이 되지 못했다. 엘리야가 처한 이 순간은 전형적인 위기 상황이다. 위기는 가정, 능력, 관계, 믿음, 건강 등 우리 삶의 모든 영역에서 일어날 수 있다.

위기 때의 동행자

성경은 하나님이 위기에 처한 엘리야와 어떻게 동행하며 그를 도와주셨는지 말해 준다. 하나님은 지쳐 쓰러진 그에게 천사를 보내셨지만, 그것은 재깍 '인스턴트 힘'을 채워 주시기 위함이 아니었다. 엘리야는 오뚝이처럼 벌떡 일어나서 이전과 같은 칠전팔기의 사나이로 즉시 돌아가야 했던 게 아니다. 천사는 엘리야에게 믿음이 부족하다고 비난을 퍼붓지도 않았다. 천사의 임무는 위기에 처한 엘리야의 조용한 동행자가 되는 것이었다(참고. 열왕기상 19:5-18).

- 첫 번째 방문: 천사는 엘리야에게 물과 빵을 주며 먹게 하고 푹 자게 했다.
- 두 번째 방문: 천사는 그저 엘리야의 말을 경청하며 먹고 쉬도록 내버려 두었다.
- 세 번째 방문: 엘리야가 충분한 휴식을 취하고 나자 천사는 이제 일어나 처음 하나님을 만났던 곳으로 가서 하나님을 새로이 만나라고 할 일을 지시해 주었다.

이것이 바로 '위기 상황에서 동행자'의 좋은 모범이다.

- 위기에 처한 대부분의 사람은 스스로 올바른 방향을 찾아갈 기

력이 없다. 그럴 때 위기를 당한 사람에게 필요한 사람은, 지금 그에게 꼭 필요한 것이 무엇인지 파악하여 공급해 주고, 안정을 찾도록 격려해 주며, 더 나아가 가능한 한 짐을 나눠 지고 동행해 줄 사람이다. 더 이상 기도조차 할 수 없는 그를 위해 기도하며 함께 기도하도록 이끌어 주는 사람이다.

- 삶의 위기를 만날 때 우리는 신앙의 위기도 함께 겪는 경우가 많다. 그럴 때 회의와 절망을 인내로 받아 주며, '경건한 말'로 몰아세우지 않고 다시 하나님 앞으로 나아가도록 애써 줄 사람이 필요하다. 왜 이런 위기가 생겼는지 자기 잣대로 섣불리 진단하거나 해석하지 않으면서도, 결코 하나님이 모른 척 내버려 두시지 않을 거라는 믿음을 전해 주는 사람이다.
- 위기에 처한 사람의 동행자는 경청하고, 함께 있어 주고, 해결 방안을 함께 생각하며 시도해 보지만 상대방에게 자신의 해결책을 강요하지 않아야 한다. 설령 상대방이 더 이상 믿음을 보이지 못할지라도 비난하지 않고 그가 솔직하게 마음을 표현하도록 격려해야 한다.

그러한 과정에서 명심해야 할 사항이 있다. 최선을 다해 도움을 주고 지원하되, 자신의 한계를 넘어서서 무리하게 책임지려고 하지 말아야 한다는 것이다. 영혼을 돌보는 일상 상담가는 단지 동행자일 뿐 구원자는 될 수 없다. 그 사실을 늘 기억하고, 구원자 역할은 언제나 의식적으로 하나님께 넘겨 드려야 한다! 이에 대해 빌리 베버(Willy Weber)가 정곡을 찌르는 말을 했다. "구원자 역할은 이미 2천 년 전에 결정되었다. 그리고 그것은 지금까지 완벽하게 유지되고 있다!"
- 위기를 당한 상대방이 어느 정도 남의 말에 귀 기울이고 행동할 만큼 여유를 회복하면, 상담가는 함께 활동하는 기회를 제안하는 것이 좋다. 산책이나 수영을 같이 하러 가자든지 소모임이나 예배에 나오라고 격려한다. 무엇보다 슬픔이나 분노 같은 부정적인 감정까지 모두 하나님께 직접 꾸밈없이 쏟아 놓고 하나님과의 관계를 회복하도록 권면한다. 필요하다면 전문적인 도움을 받도록 지원한다.

위기란 평소 사용해 오던 일반적인 극복 전략이 더 이상 기능을 발휘하지 못하는 상황이다. 그렇다고 뭔가 다른 조치를 취할 수도 없는 때를 가리킨다. 이런 상황은 당사자뿐 아니라 동행자에게도 힘든 시간이다. 동행하는 사람이 제공하는 도움이란 것이 곧장 상황을 개선시키지 못하고, 그저 힘든 상황을 함께 견디는 것에 불과할 때가 많기 때문이다. 그래서 자주 무력감에 직면해야 할 뿐 아니라 많은 인내를 요구받는다.

엘리야는 인내로 동행해 준 천사 덕분에 마침내 다시 힘을 얻었고 하나님을 새롭게 만났다. 결국 위기는 그의 삶을 근본적으로 바꿔 놓는 계기가 되었다. 그는 예언자로서 자신의 사명을 회복했을 뿐 아니라 자신의 후계자를 세웠다.

> **생각해 볼 질문**
>
> 당신은 '강바닥'의 용량이 부족하여 '홍수'를 겪은 적이 있는가?
>
> 어쩌다 그런 위기에 빠지게 되었는가?
>
> 그 위기를 어떻게 극복했는가?
>
> 그때 도움이 된 사람이나 상황이 있었는가? 어떻게 도움이 되었는가?
>
> 당신 스스로는 어떤 조치를 취했는가?
>
> 그 위기를 통해 삶에서 변한 것은 무엇이며 성장한 부분은 무엇인가?
>
> 그 시기에 새로 깨달은 관점이나 기회가 있다면 무엇인가?
>
> 그 위기를 통해 어떤 하나님을 경험했는가?

위기는 우리를 성장시키고, 새로운 시각을 열어 준다. 또한 구태의연한 삶을 재정비하고, 이전에 경험하지 못한 하나님을 새롭게 만나게 해주는 기회를 제공한다. 위기 속에 있을 때는 그 사실을 깨닫기 힘들지만, 지나고 나면 위기가 가져다 준 유익을 분명히 볼 수 있다. 상담자에게도 상대방이 겪는 위기는 자신의 삶과 하나님과의 관계를 점검해 보는 계기가 되기도 한다. 위기를 당한 사람과 동행하는 과정에서 상담자 역시 자신의 연약한 모습을 보고 자신의 한계와 직면하기 때문이다.

얼른 해결되는 위기도 있지만, 오래 끌면서 당사자의 삶에 장기간 그늘을 드리우는 위기도 있고, 끊임없이 되풀이되거나 평생 지속되는 위기도 있다. 본인이나 가족의 만성적인 질병이나 중병, 극복하기 힘든 경제적 손실, 자녀의 반항, 영적인 문제 등은 우리가 간단히 극복할 수 없는 문제들이다. 삶에 큰 영향을 미치는 이런 일을 마주하면 삶이 끝없는 위기처럼 여겨지기도 한다. 이렇게 오래 지속되는 위기에 묶여 있는 사람은 다른 사람들과의 접촉점을 서서히 잃어버리고 교제권에서도 멀어지면서 결국 고립되는 경우가 많다. 끊임없이 사람들에게 도움을 받지만 정작 다른 사람에게 베풀 능력은 없으니, 친구나 동행자도 결국 부담을 느낄 수 밖에 없기 때문이다. 사실 오래 지속되는 삶의 위기 가운데 긴 호흡으로 계속 동행해 줄 사람은 그리 많지 않다.

위기와 전문적인 도움

강둑을 넘는 강물의 비유를 아직 기억하는가? 위기가 닥쳐도 자신의 신앙, 지혜, 극복 전략 같은 자원만으로도 손실 회복이 가능한 때가 있다. 그리고 '이웃들의 자원' 즉 이 책에서 기술하는 일상 상담이나 일상적인 지원과 중보 기도만으로도 충분히 극복할 수 있는 위기도 있다. 동행자가 함께 모래주머니를 날라서 둑을 다시 쌓고 강바닥을 재정비함으로써 위기를 극복해 내는 것이다. 그러나 경우에 따라서는 해당 교육을 받은 전문 상담가, 의사, 치료사, 심리학자 같은 전문가들의 도움이 필요할 때도 있다. 그리스도인 중에는 간혹 그런 전문가의 도움이 전혀 필요 없다고 생각하는 사람들도 있지만, 그것은 위험한 자만이다. 인생의 큰 위기에 처한 사람은 누구나 극도의 불안, 강박, 우울 증세를 보일 수 있다. 이런 상황에서 치료가 미뤄지면 더 큰 손실로 이어질 수 있다. 다리가 부러졌을 때 정형외과 의사에게 가는 것은 지극히 당연한 조치다. 마찬가지로 내면의 극심한 위기를 느낄 때에도 전문적인 도움을 받는 것이 필요하다. 따라서 위기를 돕는 일상 상담가들은 필요한 경우, 상대방이 전문적인 도움을 받을 수 있도록 이끌어 주어야 한다.

물론 영혼을 돌보는 일상 상담과 전문 상담은 내용적으로 서로 겹치는 부분이 많다.

일상 상담

인생 상담 또는 영혼을 돌보는 일상 상담이라는 개념은 원래 공식적인 명칭이 아니다. 특별한 교육을 받지 않아도 누구나 그런 상담가가 될 수 있다. 이런 상담은 일상 가운데 일대일로 구체적인 삶의 문제들을 논의하고 싶을 때 이루어진다. 상담자는 상대방의 정신적·영적 상태를 잘 판단해야 한다. 상대방에게 심각한 정신적·영적 질병이나 문제가 있다고 판단되면 전문적인 치료를 받도록 안내하는 것이 바람직하다.

전문적인 심리 치료

일상 상담의 경우, 문제가 심각해져 전문가의 도움이 필요한지 주의 깊게 관찰할 필요가 있다. 전문적인 심리 치료사는 내담자의 문제가 '일상 상담가'의 능력으로 해결할 수 있는 정도를 넘어서는 경우에 필요한 의논 상대자다. 공포증, 우울증, 강박증, 탈진, 영적·정신적 상처나 심한 충격 등은 심리 치료가 필요한 전형적인 문제들이다.

예를 들어 상대방이 시험을 앞두고 두려움을 느낀다면 이는 병적인 게 아니라 정상적인 두려움이다. 따라서 영혼을 돌보는 상담가가 일상에서도 충분히 도와줄 수 있는 문제다. 그러나 삶을 극도로 압박하고 일상생활에 심각한 영향을 미칠 정도의 두려움을 갖고 있다면, 의사나 전문적인 심리 치료사의 도움을 받는 것이 좋다. 신앙 문제 역시 마찬가지다. 일반적으로 흔히 겪을 수 있는 정도의 위기에 빠졌을 때는 함께 대화하고 기도해 주는 일상 상담가로도 충분히 극복할 수 있다. 그러나 하나님께 저주받을 만한 짓을 했다는 공포에 하루 종일 사로잡혀 있다든가, 극심한 종교적인 공포나 압박 또는 환각 증상이나 정신장애가 있다면 신경 전문의나 정신과 의사의 도움을 받도록 권면해야 한다.

그리스도인 중에는 모든 문제를 오직 하나님의 직접적인 도움으로만 해결해야 한다고 생각하는 사람들이 있다. 또는 정신과 치료를 받으면 '미친 사람'으로 여겨질까 봐 두려워하는 사람들도 있다. 그러나 마음이나 정신이 아픈 경우에 정신과 의사나 심리 치료사를 찾아가는 것은 육신이 심하게 아플 때 의사를 찾아가는 것과 마찬가지다. 신앙이 없는 정신과 의사나 심리 치료사라도 내담자의 신앙을 치료의 토대로 진지하게 받아들이고 적극적으로 고려하며 존중하는 이들이 많다. 이런 상담가들은 기독교적 배경 없이도 문제를 가진 사람에게 의미 있는 치료를 제공할 수 있다. 이런 상담가에게 도움을 받을 경우, 전문 치료를 받기 위한 첫 대화에서 자신의 신앙에 대해 솔직하게 이야기하고, 경우에 따라서는 부가적으로 자신을 도와줄 기도 짝이 필요하다고 요청하는 것도 좋다.

하지만 전문적인 심리 치료의 도움을 받더라도 영혼을 돌보는 일상 상담가가 친구로서 계속 동행해 줄 필요가 있다. 끈기 있게 힘든 여정을 함께 뛰어 주는 '훈련 조교'와 같은 사람에 대해 회프너 부인의 이야기를 들어 보자.

나와 함께 가 주세요!

"언젠가는 반드시 모든 걸 다시 할 수 있을 거예요." 유명한 정신과 의사가 나를 진지하게 바라보며 말했다. 두려움에 떠는 차갑고 축축한 나의 두 손을 꽉 맞잡으며 그가 말했다. "오래 걸릴 겁니다. 하지만 다시 예전처럼 두려움 없이 살 거예요." 그의 말은 두려움과 절망의 어둠, 고독과 단절의 어둠 속을 뚫고 들어오는 한 줄기 빛 같았다. 언제부턴가 불안과 공포가 끊임없이 몰려와 감옥의 벽처럼 나를 가두었다. 나는 더 이상 일상생활을 정상적으로 꾸려 나갈 수 없었다.

이 대화를 나눈 지 여러 해가 지났다. 처음 얼마 동안은 그 의사의 말이 틀린 것처럼 보였지만, 이제 나는 정말 모든 것을 다시 할 수 있게 되었다. 아직 크고 작은 '타격의 흔적'들이 여기저기 남아 있지만, 시간이 지날수록 점점 아물어 간다. 그 흔적들은 더 이상 내 삶의 장애물이 되지 못한다.

두려움으로 들어가는 길

한 공동체를 몇 년 동안 섬기던 중이었다. 공동체 안에서 하나님을 섬기고 사람들을 신앙으로 이끄는 일이 나의 소명임을 발견했기에 헌신과 기쁨으로 그 일을 감당했다.

공동체 생활은 구성원들에게 공동체 조직과 규율에 복종할 것을 요구한다. 나는 최선을 다해 공동체 정신에 내 삶을 맞추어 갔다. 해를 거듭할수록 나 자신의 바람과 의지와 욕구는 더욱 내려놓았다. 어느 정도는 그런 삶이 기쁘기도 했기 때문에 나는 그 안에 도사리고 있는 위험을 전혀 알아차리지 못했다.

내겐 무엇보다 조화가 중요했다. 다양한 성격의 사람들이 있는 큰 공동체 안에서 갈등은 필연적이었다. 비록 그들과 가족을 이루어 살았지만, 그중에는 완전히 비정상적이고 끔찍하게만 여겨지는 사람들도 있었다. 그런데 나는 그런 사람들과 '제대로' 조화롭게 지내는 법을 배우지 못했다. 영적인 삶에서 갈등이란 무조건 치명적이고 몹쓸 해악으로 여겨졌기 때문에, 가능한 한 모든 사람과 마찰 없이 지내려고 몹시 애를 썼다. 갈등이 될 만한 일은 무조건 참고 피했다. 덕분에 주변 사람이나 지인들의 눈에는 내가 조화롭게 사는 것처럼 보였다. 나는 갈등

없는 삶이 하나님과도 조화로운 관계를 유지하는 것이라고 생각했다. 방향은 맞았다. 그러나 방법은 옳지 못했다. 그것은 내가 미처 인식하지 못한 위험한 모험이었다.

"네 맘과 정성을 다하여서." 우리가 자주 불렀던 찬송가 가사처럼 나는 진심으로 온몸과 마음을 다해 하나님께 헌신하고 싶었다. 공동체 안에는 그럴 기회가 수도 없이 많았다. 물론 가끔씩 탈진한 느낌이 들 때도 있었다. 그러나 나는 그런 신호에 거의 신경 쓰지 않았다. 오히려 완전한 피로는 완벽한 헌신과 동의어라고 생각한 나는 극도의 만족을 느꼈다. 그래야만 하나님도 내게 만족하시는 줄 알았으니까! 이러한 생각의 위험성을 전혀 깨닫지 못했다.

두려움을 통해 가는 길

6월의 어느 화창한 주일이었다. 나는 교회 가는 길에 따스한 봄기운을 만끽했다. 그런데 설교를 듣던 중 내 몸에 이상한 일이 일어났다. 손에 식은땀이 나서 축축해졌고 심장은 금방이라도 터질 것처럼 쿵쿵 뛰기 시작했으며 어지러움을 느꼈다. 그리고 정체를 알 수 없는 두려움이 몰려왔다. '갑자기 내가 왜 이러지? 도대체 무슨 일이야? 어떻게 해야 하지?' 일어설 수도 나갈 수도 없었다. 예배 중에 이런 두려움을 느끼다니! 다른 사람들에게 모범이 되어야 할 공동체 리더에게 그것은 전혀 어울리지 않는 감정이었다. 절망감 속에서 나는 목사님만 뚫어져라 쳐다봤다. 제발 설교를 빨리 끝내 주셨으면! 그러나 설교는 영원히 계속되는 것 같았다. 가까스로 예배를 마친 뒤 신선한 공기를 들이마시자 현기증은 사라졌다. '날이 더운데 환기가 안 되어서 컨디션이 떨어졌을 뿐이야.' 그렇게 안도의 한숨을 돌리려 했지만, 마음 한구석에 스며든 일말의 불안감은 좀처럼 가시지 않았다.

점심시간이 되자 식당은 사람들로 가득 찼다. 그러자 다시 불안감이 나를 덮쳤다. 식은땀이 흐르고 현기증이 났다. 심장은 미친 듯 쿵쾅거리고 온몸이 덜덜 떨렸다. 나는 밖으로 뛰쳐나올 수밖에 없었다. 깜짝 놀란 사람들이 나를 쳐다보는 것이 느껴졌다. 이게 무슨 꼴이람!

이후 그런 '공황 발작'이 점점 더 자주 일어났다. 발작이 지나갈 때마다 두려움이 마음 한구석에 점점 더 크게 자리했다. '식당일, 내가 맡은 공동체 내부 집회, 외부 활동들을 계속 감당할 수 있을까?' 불안은 서서히 그리고 가차 없이 내 삶의 행동반경을 좁혀 왔다. 저항은 소용없는 짓이었다. 오히려 그것과 맞서 싸우려 할수록 불안은 점점 더 커져만 갔다.

성경 말씀을 공부한 사람으로서 나는 이 일을 시험으로 간주했다. 그래서 기도하고 또 기도했다. 하지만 불안은 계속 나를 조여 왔다. 그러자 어떤 의사가 충고했다. "일주일이라도 그 공동체에서 나와 있어야 합니다!" 그러나 그건 불가능했다. 일할 사람이 턱없이 부족했다. 나는 차마 그런 짓을 공동체에 저지를 수 없었고, 그럴 마음도 전혀 없었다. 그때까지 단 한 번도 사람들에게 그런 약한 모습을 보인 적이 없었다. 의사는 '심리 치료'를 받아 보라고 조언했다. 당시 기독교계는 그런 말이 받아들여질 풍토가 아니었다. 나는 딱 잘라 의사의 조언을 거부하고 그 후 더 이상 생각해 보지도 않았다.

심장이 너무 뛰어서 모임을 이끌기 힘든 상황이 됐을 때도 나는 이를 악물고 참았다. 몇 주만 참으면 한 학기가 끝나기 때문이었다. 하지만 곧 더 이상 견딜 수 없는 지경에 이르고 말았다. 극도의 불안과 공포는 단순히 모임뿐만 아니라 내 삶의 거의 모든 영역으로 확장되었다. 전에는 신나게 운전을 했는데 어느 날 갑자기 운전 중에 다리가 주체할 수 없이 떨리는 걸 경험했다. 매일 하던 조깅에도 여지없이 문제가 찾아왔다. 몇 미터도 못 뛰어 두려움이 몰려와 더 이상 움직이지 않는 내 몸을 보면서 좌절에 휩싸였다. 자다가도 심장이 빨리 뛰고 사지가 떨려서 깨어나는 경우가 늘어 갔다.

"온전한 휴식이 필요합니다. 몸이 극도로 쇠약해져 있어요." 나를 진단한 의사가 말했다. 약 처방은 심장을 진정시키고 잠을 좀 잘 수 있도록 해주었지만, 몇 주간의 요양 후에도 증세는 기대한 만큼 나아지지 않았다. 그래서 심리 치료사이기도 했던 그 의사와 상담을 시작했다. 상담을 통해 나는 이런 사실을 차츰 깨닫게 되었다. '하나님은 내 능력만을 중요하게 여기시는 게 아니야. 그분은 내가 어떤 모습이든 있는 그대로의 나를 사랑하셔. 그러니 하나님 앞에서든 사람 앞에서든 내 가치를 증명하려고 노심초사할 필요가 없어. 지금 내가 겪고 있는 이 위기는 큰 기회가 될 거야. 이 일을 통해 하나님은 내가 어디서 어떻게 변화되어야 하는지 보여 주고 싶으신 거야. 하나님은 나를 병들게 하

는 삶의 틀에서부터 나를 자유롭게 해주길 원하셔. 이 위기는 오히려 내게 유익이 될 거야.'

이런 깨달음을 얻고 나는 다시 공동체로 돌아왔다. 상담 치료가 큰 도움이 되었음에도 불구하고, 시시때때로 두려움이 엄습했고 발작도 하루 일과였다. 그래서 주위 사람들은 상담 치료를 못미더워했다. "거봐, 아무 소용없잖아." 종종 이런 말이 들려 왔다.

그러나 나는 계속 상담 치료를 받았다. 또한 이런 분야에 전혀 지식이나 경험이 없는 '비전문가'의 도움도 치료에 큰 역할을 한다는 것을 경험했다. 정신적인 두려움과 신체적인 쇠약함을 스스럼없이 내보일 수 있고, 두려움 때문에 발작하는 것을 봐도 참을성 있게 견디며 두려움에 사로잡힌 사람을 진지하고 조심스럽게 대해 주는 비전문가는 전문가 못지않은 도움을 준다. 치료에 대한 전문 지식은 없으나 내게도 이 끔찍한 상황을 함께 끈기 있게 뚫고 지나가도록 도와주었던 동료가 있었다. 사랑 가득한 마음으로 기꺼이 손을 내밀어 준 그녀는 섬세한 정서를 가진 공동체 동료였다. 내 심장이 요동치고 온몸이 떨릴 때면 그녀는 침착하게 나를 안아 주며 함께 시편 기도를 드렸다. 나를 덮친 두려움에 나와 함께 아파하며 나를 격려했다. 우리는 하나님의 능력을 구하며 말 그대로 한 걸음씩 한계를 넓혀 갔고, 성공할 때마다 함께 기뻐했다.

무엇보다 내 '상담가'는 타이밍을 조절할 줄 알았다. 두려움이 지배하는 모든 영역을 곧장 정복하려고 조바심을 내며 서두르지 않았다.

모든 것은 때가 있다는 것을 분명히 알고 있었던 그녀는 침착하게 나를 이끌었다. 그런 그녀의 모습은 내게 더없는 안정감을 주었다. 어느 더운 여름날 그녀는 내게 같이 수영하러 가자고 제안했다. 이전에는 수영이 가장 즐거운 운동이었지만 발작이 일어난 이후로는 쉽사리 할 수 없었다. 꼭 물에 빠져 죽을 것만 같았기 때문이다. 야외 수영장 앞에 앰뷸런스가 있는 것을 보면 그건 바로 나를 위한 거라고 확신할 정도였다. 그러나 나는 그런 두려움을 감추거나 억누르지 않고 동행자에게 거리낌 없이 표현할 수 있었다. 그녀는 내게 절대로 앰뷸런스가 필요한 일은 일어나지 않을 거라고 큰소리치며 유쾌하게 나를 수영장 안으로 데려갔다. 그녀의 말대로였다. 우리는 두려움에 점령당한 영역을 또 하나 새로이 정복했다. 나는 서서히 수영에서 다시 즐거움을 찾을 수 있게 되었다.

그렇게 우리는 천천히 산을 올랐다. 내 동행자는 내가 계속 의사에게 치료받기를 권했고, 의사도 내 동행자가 끼치는 영향을 긍정적으로 평가했다. "그런 사람이 곁에 있다는 걸 감사하세요. 지금 당신에게 그보다 더 좋은 일은 없어요. 계속 그렇게 함께하세요!"

하지만 공동체가 보기에는 치료 속도가 너무 느렸다. 그들은 이러한 치료 과정을 이해하지 못했다. 내가 일상적으로 해내야 할 일들을 예전처럼 모두의 마음에 들도록 해내지 못하자 조화가 깨지고 모임은 삐걱거렸다. 나는 마음이 아팠다. 차라리 다리 하나를 깁스했더라면 사람들은 내가 예전처럼 일할 수 없다는 사실에 쉽게 수긍했을 것이다.

하지만 유감스럽게도 내가 '깁스한' 곳은 눈에 보이지 않았다. 공동체 상황을 볼수록 내 마음의 부담은 극복하기 힘들 만큼 커졌고 그럴수록 두려움과 발작은 더 심해졌다.

공동체에서는 그 어떤 외부적인 지시 사항보다 공동체 내부의 규칙이 우선시되었다. 따라서 이렇게 나를 둘러싼 내적·외적 갈등은 나를 거의 파괴 직전까지 몰아갔다. 결국 나는 더 이상 살고 싶지 않은 지경에까지 이르렀다.

두려움에서 벗어나는 길

그리하여 나는 공동체를 떠나 고향에 머무르기 시작했다. 다시 치료사를 찾아가 상담을 받았고, 가족과 친구들은 이전에 내 신실한 '동행자'가 그랬던 것처럼 일상 속에서 나와 동행해 주었다. 운전, 산책, 장보기, 병원 약속 등 모든 걸 다시 혼자서 해낼 수 있을 때까지 내 친구들은 한 걸음씩 나와 함께해 주었다. 운전할 때 도움을 준 친구는 처음엔 모든 구간을 운전석 뒤에서 나와 함께 있어 주었다. 차츰 익숙해지면서 일부 구간만 동행하다가 마침내 나 혼자서 운전하게 될 때까지 함께해 주었다. 내가 갑작스럽게 두려움에 빠지며 발작을 일으키면 즉시 도움을 청할 수 있도록 그 친구는 항상 휴대전화를 가지고 다녔다. 그런 신뢰할 만한 사람이 나와 함께한다는 사실만으로도 내게 큰 도움이 되었다.

둘이서 하는 산책도 점점 더 내게 안정감을 주었다. 어느새 나는 다음번 모퉁이가 무너져 내릴 것이라는 상상을 더 이상 하지 않게 되었다. 차츰 혼자서 갈 수 있는 길들이 점점 늘어났다. 처음 몇 미터는 두려움과 싸워야 했지만 그것을 극복하고 나면 마치 세계를 정복한 것 같은 기분이 들었다.

이 모든 노력에도 불구하고 여전히 두려움은 나를 반격해 왔고, 그때마다 나는 그것을 다루는 법을 하나씩 배워 갔다. 무엇보다 내가 가장 크게 배운 점은 바로 자유였다. 약해져도 되고 약한 모습을 보여도 된다는 자유. 힘들 땐 근처 가게에 들어가서 "좀 앉아 있어도 될까요?"라고 부탁한다고 큰일 나는 게 아니라는 걸 배웠다. 또 내가 실수해도 되는 인간이라는 사실을 차츰 깨달아 갔다. 그렇게 나 자신을 불쌍히 여길 줄 알게 되자 다른 사람을 향해서도 긍휼의 마음이 생겼다. 이해할 수 없는 사람들을 날카롭게 비판해 왔던 나 자신이 이제 남에게 이해받기 힘든 사람이 되어 보니 새롭게 깨달은 게 있다. 판단하는 것보다 불쌍히 여기는 게 얼마나 서로를 자유롭게 하는지를! 무엇보다 하나님은 내가 두려움에 사로잡혀 떨고 있을 때도 절대 나를 판단하지 않으시며 더욱 불쌍히 여기신다는 사실도 깨달았다.

그러던 어느 날 전화가 한 통 걸려 왔다. "우리는 당신이 오도록 기도하면서 기다리고 있어요." 고향에서 160킬로미터나 떨어진 곳에서 내게 일자리를 제안해 왔다. 나 혼자 거기 가서 살아야 하는 상황이었다. 가족과 친구들은 고개를 내저었다. "너무 일러. 그렇게 멀리는 아직 안 돼." 그들 말이 옳았다. 나는 아직 20-30킬로미터 이상은 혼자 운전할 수도 없었고, 장보기도 잘 아는 단골가게 몇 군데에서만 가능했고, 동행자 없이는 병원에도 가지 못하는 사람이었다. 그런데 그렇게 멀리 떨어진 낯선 환경에서 나 혼자 어떻게 해낸단 말인가! 내가 과연 감당할 수 있을까?

결정을 내려야 하는 날 아침, 하나님이 내게 말씀하셨다. "여호와를 의뢰하고 선을 행하라. **땅에 머무는 동안 그의 성실을 먹을거리로 삼을지어다**"(시편 37:3, 개역개정). 나는 이 약속의 말씀을 붙들고 용기를 내어 불가능해 보이는 걸음을 내디뎠다.

그리고 하나님은 이 약속을 지키셨다. 그동안 나와 힘든 길을 동행해 준 사람들을 통해 내가 두려움을 극복하고 다시 혼자 설 수 있도록 훈련시켜 오신 하나님이, 이제 낯선 곳에서 친히 내 상담가와 동행자가 되어 나를 돌보시는 것을 체험했다. 꼭 필요한 곳에서는 내게 새로운 사람들을 붙여 주셨지만, 이제는 많은 일을 혼자서 해내야 했다. 종종 나는 장을 보러 간 가게 앞에서 차 안에 앉아 기도했다. "주님, 제가 장을 봐야 합니다. 잘 볼 수 있도록 도와주세요." 그리고 나는 해냈다. 매번 완벽하게 해낸 것은 아니지만, 적어도 빈 바구니를 들고 가게를 뛰쳐나오진 않았다. 그러는 동안 서서히 장보는 걸 즐기게 되었다. 계산대 앞에 길게 줄을 서 있어도 사람들이 갑자기 나를 향해 덤벼들 것 같은 두려움을 더 이상 느끼지 않는다.

"언젠가는 반드시 모든 걸 다시 할 수 있을 거예요." 수년 전 의사가 내게 했던 말이 이루어졌다. 여기까지 오는 동안 수많은 전진과 후

퇴가 있었다. 한없이 눈물 흘리고 절망을 느끼기도 했다. 하지만 무수한 격려와 위로도 있었다. 내가 절망할 때도 희망을 포기하지 않았던 사람들을 통해서, 나와 함께 울고 웃으며 먼 길을 동행해 준 사람들을 통해서, 내가 두려움의 포로가 되어 약하고 못난 모습을 보일 때도 변함없이 나를 존중해 주고 사랑해 주었던 사람들을 통해서 그리고 무엇보다 그 사람들을 내게 허락해 주신 하나님을 통해서!

나의 이 멋진 모든 동행자들에게 다시 한 번 진심으로 감사를 전하고 싶다. 그들은 내 삶에 다시 생명의 호흡을 불어넣어 주었다. 그리고 두려움에 사로잡힌 다른 모든 이들에게도 그런 돕는 자들이 꼭 옆에 있기를 바란다. 또한 그들을 돕는 자들에게는 포기하지 말고 그 옆에 꼭 머물러 있어 주기를 부탁드린다. 그것은 그럴 만한 가치가 있는 값진 일이기 때문이다. 전문 지식은 중요하지만 가장 중요한 것은 아니다. 무엇보다 중요한 것은 그저 함께해 주는 것이다. 누구나 '함께 걸어가 줄 수 있는 한 사람'이 필요하기 때문이다. 특히 두려움을 겪고 있는 시간에.

"그는 상한 갈대를 꺾지 않으며, 꺼져 가는 등불을 끄지 않으며, 진리로 공의를 베풀 것이다"(이사야 42:3).

-카탸 회프너

이 이야기에서 위기의 모든 과정을 보았다. 공포와 절망, 행동 능력 상실, 새로운 관점과 태도 배우기, 그것을 실천하는 습관으로 만들기, 마침내 새로운 삶 살기. 이런 힘든 위기의 과정을 겪을 때에는 전문적인 도움도 필요하다. 그러나 무엇보다 필요한 것은 인내와 사랑으로 멀고 힘든 길을 함께 걸어가 주는 사람들이다.

9장

위로하기
슬픈 자와 동행하기

곤경의 시간에 피할 곳

슬픔도 위기에 대한 반응 중 하나다. 슬픔은 내 삶에 속해 있던 소중한 무엇이나 누군가를 잃은 것에 대한 반응이다. 이 상실감은 당사자의 삶을 송두리째 바꿔 놓고 어찌할 바 모르는 상황으로 몰고 가기도 한다.

어떤 격언처럼 "슬픔에 빠진 사람에게 필요한 것은 헛된 희망이 아니라 위로다." '위로'란 뜻의 독일어 '트로스트'(Trost)는 '성곽' '피난처'라는 뜻의 '트루츠부르크'(Trutzburg)에서 파생되었다. 따라서 위로는 슬픔과 고통으로부터 피할 장소가 된다.

남편을 잃어 슬픔에 빠진 어떤 부인이 이렇게 썼다.

"남편이 죽었을 때 나는 뒤로 나자빠진 벌레가 된 심정이었다. 온 다리를 버둥거리며 다시 몸을 뒤집으려 아무리 애써도 도저히 혼자 힘으로는 할 수 없는 그런 벌레. 나는 답을 찾아 책에서 헤맸지만 어떤 책에도 내 물음에 대한 답은 없었다. 남편을 묻은 묘지에서 '같은 심정을 가진 자'를 찾았지만 그들은 자기 슬픔에 빠져 자신만을 들여다볼 뿐 함께 마음 나눌 이가 없었다. 나는 위로를 찾아 헤맸지만 남편의 죽음이 사람들의 기억 속에 묻혀 갈수록 더욱 홀로 내팽개쳐진 느낌이었다. 리카르다 후흐(Richarda Huch)가 어떤 시에서 표현한 바로 그 심정이랄까."

모든 상처가 다 치료될 수 있는 건 아니다.
어떤 상처는 마음속 깊이 파고들기 때문이다.
시간이 흐를수록 상처는 돌이 된다.
당신은 마치 아무 일 없었던 것처럼 웃고 말하고
상처는 거품이 되어 사라진 듯하지만
그 상처가 짓누르는 무게를 꿈에서까지 느낀다.

다시 밝고 따뜻한 봄이 찾아와 세상은 꽃바다가 되어도
당신 마음속에는 더 이상 꽃이 피지 않는 자리 하나가 있다.

큰 슬픔을 당하거나 사별한 사람을 만나면 우리는 혹시 그에게 엉뚱한 소리를 하지는 않을까 두려워한다. 그런데 당사자에게는 그런 주저함이 마치 자기와 접촉하기를 싫어하고 피하는 것처럼 여겨진다.

슬픔은 사랑하는 사람을 잃고도 살 수 있게 하는 힘이 되기도 한다. 장의사이자 사랑하는 사람을 잃은 사람들을 상담해 주는 프리츠 로스(Fritz Roth)는 슬픔을 '사랑의 마지막 형태'라고 말한다. 그래서 슬픔은 정적인 것이 아니라 여러 단계를 지닌 동적인 과정이다.

슬픔은 당사자의 상황과 성격 등 여러 요소가 어우러져 매우 다양한 형태를 띤다. 고인과 어떤 관계였는가, 어떤 인생 여정을 함께 헤쳐왔는가, 어떻게 작별했는가에 따라 슬픔의 형태도 달라질 수 있다.

슬픔의 과정 이해하기

슬픔의 과정에 속하는 다음 단계들은 하나의 예로써 모두에게 일률적으로 적용할 수는 없다. 그러나 이를 알아 두면 영혼의 상담가는 슬픔을 겪고 있는 사람을 더 잘 이해할 수 있다. 그리고 그들에게 적절한 도움을 줄 수 있다.

1단계: 무너져 내리는 것 방어하기

한 사람의 죽음은 슬픔을 당한 사람의 전 존재가 무너져 내릴 만큼 큰 충격을 줄 때가 많다. 그런 상태에서는 신체도 이상 반응을 일으킨다. 극도로 예민해지거나 제 정신이 아닌 듯한 감정을 불러일으키는 물질들을 분비한다.

처음 이 단계에서는 죽음이라는 충격적 경험을 아직 완전히 인지하지 못해서 평소에 해 오던 일들을 자동적으로 행하는 경우가 많다. 그러면서 관심을 슬픈 일에서 다른 데로 돌리는 것이다. 그러다가 갑자기 고인을 떠올리게 하는 특정한 누군가를 만나거나 고인의 꿈을 꾸거나 방에 걸린 고인의 사진을 보면 갑자기 상실의 기억과 상처가 엄습해 온다.

2단계: 슬픈 감정 속에 빠져들기

슬픔을 당한 사람이 사건으로부터 어느 정도 거리와 안정을 찾으면 그때부터 그동안 외면했던 감정들이 비로소 강렬하게 밀려드는 경우가 많다. 온몸이 마비된 것처럼 아프거나 서서히 눈물이 터져 나오거나 슬픔을 말로 쏟아 놓기도 한다.

이 시기에는 분노, 한탄, 공격성, 절망, 양심의 가책, 그리움, 감사, 안도감, 기쁨 등 매우 다양한 감정이 나타난다. 이 모든 감정은 극심한 충격에 대한 정상적인 반응이므로, 상담가는 이런 감정을 좋다 나쁘다 평가해선 안 되며 상대방이 느끼는 대로 마음껏 표현하도록 격려해야 한다. 그러다 보면 당사자가 자신이나 고인에 대해 어떤 원망의 마음을 갖고 있는지, 어떤 부분을 용서해야 할지 분명히 드러난다. 이런 감정을 드러내어 처리하지 않고 억누르면, 오랫동안 부정적인 감정에 마음이 짓눌리고 매여서 고통당하다가 신체적 질병으로 이어지기도 한다.

고인이 죽기 전 오랫동안 병을 앓았던 경우라면, 상심과 슬픔 가운데 안도감이 섞일 수도 있다. 그럴 때도 이러한 감정을 판단하지 않고 있는 그대로 받아들이며 이해해 줄 수 있는 대화 상대가 곁에 있다면 큰 도움이 된다.

적절한 몸짓

나는 다운증후군을 가진 사람들을 돌보며 정신장애자들과 일한다. 그래서 그들이 매우 개인적인 성향을 지녔다는 사실을 잘 안다. 그들은 자기 관심사를 따라 살며, 자신이 원하는 것에 집착하는 성향이 강하다. 또한 이들 대부분은 사람 만나는 것을 좋아하고 다른 사람들에 대해 열린 자세를 취한다. 이들의 특성 가운데 정말 부러운 것 중 하나는 근심 걱정 없이 산다는 것이다. 이들은 우리 '정상인'처럼 자신을 몰아대며 괴로워하지 않고, 자신과 평화롭게 살아간다. 자신이 있는 모습 그대로 좋다는 생각은 내가 개인적으로 잘 아는 다운증후군 환자들에겐 지극히 당연한 것이다. 물론 가끔 예외도 있지만 내가 아는 다운증후군 환자들은 대부분 사회적·정서적 공감 능력이 상당히 높고 그들만의 작은 세계에서 즐겁게 산다.

그에 관한 인상적인 체험을 한 적이 있다. 지난 가을 다운증후군 환자들로 이루어진 우리 공동체 식구의 어머니가 돌아가신 일이 있었다. 나는 그를 데리고 장례식에 참석했는데, 그는 맨 앞에 자기 누이와 형제들(이들은 정신장애인이 아니다) 사이에 앉았다. 식구들은 물론 매우 슬퍼했다. 나는 미카엘이 이 상황에 어떻게 대처할지 사뭇 걱정스러웠다.

그의 형들이 훌쩍이더니 이내 엉엉 소리내어 울기 시작했다. 그러자 미카엘은 흐느끼는 형을 자기 품에 끌어당겨 안았고, 큰 형은 그의 어깨에 기대어 실컷 울었다. 형이 우는 동안 미카엘은 연신 형의 머리를 부드럽게 쓰다듬었다. 이 장면을 떠올릴 때마다 감동이 밀려온다. 미카엘은 자신의 그런 몸짓이 적절한지 아닌지 단 일 초도 망설이거나 고민하지 않았다. 그저 형에 대한 연민과 사랑이 이끄는 대로 자연스럽게 행동했을 뿐이다.

−디르크 비트머

슬픔은 침묵, 기도, 울음, 수다, 글쓰기, 돌아다니기, 춤추기, 그림 그리기, 음악 등 아주 다양한 방식으로 표현될 수 있다. 슬픔은 우리를 하나님께로 더 가까이 이끌기도 하지만 하나님으로부터 더 멀리 떼어 놓기도 한다. 그리고 슬픔을 해결하기까지는 많은 과정과 노력이 필요하다. 따라서 슬픔을 겪는 당사자 혼자 감당하기 힘들다. 일이 손에 제대로 잡히지 않고, 이해력도 평소처럼 재빠르게 작동되지 않기 때문에 모든 행동이 무질서하고 느려진다. 평온을 되찾기 위해 이 단계에서는 가능한 한 긴장을 풀고 스트레스를 피하며 잠을 충분히 자도록 애쓰는 것이 중요하다.

3단계: 짐 나눠 질 사람 찾기

가까운 이의 죽음은 남은 사람에게 해야 할 일을 미처 다하지 못했다는 미련과 후회를 남기는 경우가 많다. 진작 했어야 했는데 끝내 하지 못한 말들, 하지 말았어야 했는데 했던 말들, 같이하고 싶었는데 못한 일들, 좀더 좋은 관계를 이루고 싶었는데 미처 이루지 못한 소망에 대한 아쉬움과 더불어, 함께한 시간에 대한 추억이 무거운 짐처럼 남는다. 그래서 감정이 터져 나오는 2단계와 짐을 나누어 질 사람을 찾는 이 시기는 번갈아 오는 경우가 많다. 이때 슬픔을 겪는 당사자는 주로 이런 질문을 던지며 고민한다. '이 죽음은 내게 무엇을 뜻하는가? 고인은 내게 어떤 의미였으며 나는 그에게 어떤 존재였는가? 나는 내세에 대한 믿음과 소망이 있는가? 고인은 어떤 믿음을 가졌는가? 이 죽음을 통해 변한 것은 무엇이며 변하지 않은 것은 무엇인가?' 슬픔을 당한 사람에게는 이런 질문을 함께 나누고 마음의 짐을 함께 져 줄 누군가가 필요하다.

어떤 상징적인 행위나 의식이 이 과정을 지나는 데 도움이 될 때가 많다. 예를 들어, 추도 기간에 검은 옷을 입는 전통은 슬픔을 당한 사람이 느끼는 바를 표현하는 상징이다. 슬픔을 더 이상 말로 표현할 수 없다면 글로 쓰는 것도 도움이 된다. 고인의 사진을 보며 친근한 대화를 나누거나, 방이나 무덤의 고인의 사진 앞에 촛불을 켜 두거나, 추억이 되는 물건을 곁에 두는 것도 도움이 된다.

4단계: 새 과제 넘겨받기

슬픔을 당한 사람과 고인이 생전 함께 살았던 관계라면 남은 사람은 팔다리가 묶인 듯한 느낌을 받는 경우가 많다. 이전에 나누어 했던 과제들을 이젠 혼자 다 떠맡아야 하고, 스스로 삶을 영위해 가면서 자신의 정체성을 새로이 찾는 법을 배워야 한다. 이때 구체적인 도움을 줄 사람이 옆에 있다면 큰 도움이 된다. 예를 들면 이전에 거의 요리를 해 본 적 없는 사람에게 요리를 가르쳐 주거나, 관공서 업무를 처리해 보지 않은 사람이 처음으로 시도할 때 동행해 주면 마음의 큰 짐을 덜게 된다.

5단계: 새로운 시각과 희망 갖기

이제 삶을 추스를 기력을 서서히 회복하고, 그동안 소홀히 했던 일이나 취미 생활 등을 다시 시작하는 시기다. 새로운 삶을 설계해 나가기 위해서는 과거의 추억과 미래의 계획 사이에 균형을 찾는 것이 중요하다. 만약 배우자를 잃었다면 이제 홀로 서는 법을 익혀야 한다. 이 시기에도 누군가의 지원을 받을 수 있다면 큰 도움이 된다.

슬픔의 과정은 상을 당한 사람의 성격이 어떤지, 고인의 죽음이 어떤 죽음이었는지, 고인과 어떤 관계였는지에 따라 사람마다 각각 다르게 진행되고 슬픔이 지속되는 기간도 각기 다르다. 그러므로 당사자가 필요로 하는 만큼 충분한 시간을 주어야 한다. 이제 그만 슬퍼하라는 등 외부에서 그 시간의 길이를 간섭하지 않는 것이 중요하다.

<u>시간이 모든 상처를 치유할까</u>

우리 아버지는 7년 전에 돌아가셨다. 이제 꽤 오랜 시간이 지난 셈이다. '시간이 지나면 다 괜찮아질 거야.' 그때 많은 사람들이 내게 해주었던 말 중 하나다. 분명 나를 위로하기 위한 좋은 뜻의 말이라는 것을 알고 있다. 그러나 영원히 지속될 것만 같은 슬픔과 해결해야만 하는 일상 속의 문제는 도무지 연결점이 없어 보였다. 어떻게 시간이 저절로 상처를 치유한단 말인가?

처음 며칠 동안은 시간이 멈춘 것 같았다. 내게 세상은 이제 완전히 딴 세상이 되었는데도, 주변의 다른 사람들은 여전히 똑같은 모습으로 살아가고 있었다. 처음 얼마 동안은 오히려 내가 처리해야 할 일들이 산더미처럼 쌓여 있다는 사실이 도움이 되었다. 장례식을 마치자마자 주변 사람들은 내가 정상적인 일상의 삶으로 빨리 돌아오기를 바랐다. 그러나 장례식 후 내 머릿속에는 이런 질문들로 온통 가득 차 있었다. '왜 아버지는 지금 돌아가셔야 했을까? 아버지가 내게 남겨 주신 것은 무엇인가? 나는 아버지로부터 무엇을 배웠는가? 그중 내가 영원히 간직해야 할 것은 무엇이며 떠나보내야 할 것은 무엇일까?' 혹독한 이별의 슬픔을 겪고 있던 시기에 내가 쏟아 놓는 이야기에 귀 기울이고 가족 잃은 경험을 기꺼이 나눠 주었던 모든 이들에게 깊이 감사드린다.

    내가 하고 싶은 말은 바로 이것이다. 그저 시간이 지난다고 해서 상처가 전부 치유되는 건 아니다. 그 시간을 어떻게 보내느냐에 따라 상처는 치유될 수도 있고 아닐 수도 있다. 누군가가 그 아픔의 시간에 동행하며 짐을 나누어 져 줄 때, 고통스런 사건은 긍정적인 경험이 되어 남은 삶에 중요한 영향을 미칠 수도 있다. 그러나 고통이 아무런 긍정적인 영향을 남기지 못할 수도 있다.

―한넬로레 도이싱

실천해 봅시다

종이 한가운데 세로 줄을 그어 두 칸으로 나누어 보라.

오른쪽 칸에는 이미 고인이 된 사람들 중에서 당신의 삶에 중요한 의미가 있었던 사람들의 이름을 적고, 왼쪽 칸에는 아직 살아 있는 사람들 가운데 소중한 이들의 이름을 적어 보라. 각 이름 사이에는 적당한 공간을 두라.

이제 그 이름 옆에 그들에게 감사한 점을 적어 보라. 당신 삶이 풍요해지도록 그들이 끼친 긍정적인 영향, 또는 그들과의 관계에서 힘들고 상처입었던 점, 또는 그들에게 하고 싶은 말을 적어 보라.

그러고 나서 먼저 오른쪽 칸에 적힌 한 사람 한 사람에 대해 하나님과 대화를 나눠 보라. 그들을 통해 하나님이 당신에게 베푸신 은혜에 감사하고, 그들에게 다 하지 못한 말을 대신 하나님 앞에서 큰 소리로 말해 보라.

왼쪽에 적힌 살아 있는 사람들에 대해서도 똑같이 해 보라. 그들에게 감사할 점, 그들과 풀어야 할 문제, 당신이 하고 싶은 말이나 행동을 떠올려 보고 우선 하나님과 나누라. 그리고 그들이 당신에게 얼마나 소중한지 그들에게 직접 전할 방법을 찾아보라.

자기 한계 받아들이기

자신에게 중요한 물건이나 사람을 잃었을 때의 상실감을 쉽게 감당할 수 없을 때도 있다. 그것은 상담자의 실수도 아니며 결코 상담자가 책임질 영역도 아니다. 슬픔의 과정은 버스 시간표처럼 누구에게나 똑같이 적용되지 않는다. 사람마다 그 과정도, 필요한 시간도 각각 다르다. 따라서 외부에서 그 시간을 함부로 정하거나 간섭해서는 안 된다.

영혼을 돌보는 일상 상담가로서 당신이 도울 수 있는 한계를 넘어섰다고 판단되면, 슬픔을 당한 사람들을 전문적으로 상담해 주는 기관이나 모임을 알아보고 그들이 전문가에게 지속적인 도움을 받을 수 있도록 제안하는 편이 좋다.

위기를 당한 사람을 상담할 때 상담가는 언제나 자신의 한계를 인식해야 한다. 다른 사람의 위기를 어느 정도까지 함께 감당하고 견딜 수 있는지는 자신만이 안다. 다른 사람을 도울 때는 스스로가 위기에 빠질 정도로 지나치게 몰두하지 않는 것이 좋다. 또한 양심의 가책이나 무리 없이 느긋하게 일상을 살아가는 것이 중요하다. 돕는 사람의 문제가 너무 부담스럽게 느껴진다면, 당신 자신도 대화 상대를 찾아 균형을 잃지 않도록 도움 받을 필요가 있다.

당신에게 당신 자신을 베푸십시오

당신의 모든 삶과 경험을 일에 몽땅 쏟아붓고

조용히 자신을 돌아볼 여유조차 없다면

당신을 칭찬해야 할까요?

나는 당신을 칭찬하지 않겠습니다.

성찰과 묵상이 선행되지 않을 때

그 일 자체는 분명 누구에게도 유익이 되지 않기 때문입니다.

모든 종류의 사람을 위해 모든 것이 다 되신 분을 따라(고린도전서 9:22)

모든 사람을 위해 철저히 헌신하길 바란다면

당신의 인격을 칭찬하겠습니다.

그 인격이 완전하고 참될 때만.

하지만 당신이 자신을 잃어버리면

어떻게 완전하고 참된 사람이 될 수 있겠습니까?

그렇게 되려면 당신은

모든 사람만이 아니라

당신 자신을 돌보는 시간도 가져야 합니다.

사람이 온 세상을 얻고도 제 목숨을 잃으면

무슨 이득이 있겠느냐는 주님의 말씀처럼(마태복음 16:26)

모든 사람을 얻어도 단 하나 당신 자신을 잃는다면 무슨 소용이 있겠습니까?

모든 사람이 당신을 차지할 권리가 있다면

당신 자신도 당신을 차지할 권리가 있는 한 사람입니다.

언제까지 당신 자신에게 '한번 가면 되돌아올 수 없는 바람과 같은 존재'가 될 것입니까?(시편 78:39)

언제까지 다른 사람에게만 관심을 기울이고 당신 자신은 돌보지 않을 것입니까?

지혜로운 자나 어리석은 자 모두에게 의무감을 느끼면서

당신 자신에 대해서만은 의무를 소홀히 할 것입니까?

당신 자신은 이방인으로 남겨 둘 것입니까?
당신이 스스로에게 낯설다면, 다른 모든 이에게도 낯선 존재가 되지 않겠습니까?
자기 자신과도 잘 지내지 못하는 사람이 누구와 잘 지낼 수 있겠습니까?
그러니 다시 생각해 보고 당신 자신에게 스스로를 베푸십시오.
항상 그렇게 하라고 말하지 않겠습니다.
자주 하라고도 말하지 않겠습니다.
그러나 늘 다시 한 번 그렇게 하라고 말하렵니다.
다른 사람을 돌보듯 당신 자신도 돌보라고.
아니면 적어도 다른 사람들을 다 돌아본 다음에라도 자신을 돌아보라고.

−클레르보의 베르나르가 교황 그레고리우스 3세에게

위기에 처한 누군가를 상담하다 보면 상담자 자신의 아픈 곳을 건드려 고통스러워질 수도 있다. 다른 사람이 슬퍼하는 것을 보면 미처 해결하지 못한 자신의 두려움과 상실의 기억이 불쑥 밖으로 튀어나오기 때문이다. 그러면 상대방에게 지나치게 감정을 이입해서 그를 무작정 슬픔에서 끌어내려고 무리한 시도를 하거나 그의 아픔에서 빠져나오고 싶은 마음이 들어 죄책감을 느낄 수도 있다. 어떤 식으로든 상대방이 상담자인 당신의 힘에 부친다고 느껴지면, 그것을 무시하거나 억누르지 말고 진지하게 받아들여 당신을 지원해 줄 사람을 찾아야 한다. 그리고 당신 자신에게 미처 해결되지 못한 아픔과 두려움이 있어서 상대방의 고통을 감당할 만한 여력이 없는 것 같다고 솔직하게 말하는 것이 좋다. 미처 아물지 않은 자신의 상처로 영적·정신적 부담을 느낀다면 다른 사람을 제대로 돕기 힘들기 때문이다. 이때 중요한 것은 상대방에게 그 책임을 떠넘기지 말고 당신 자신의 상황에 대해서만 이야기하는 것이다. 그리고 상대방을 다른 상담가에게 연결해 주거나 좀 더 전문적인 도움을 받도록 이끌어 줄 수도 있다.

상담가로서 한계를 느낀다고 해서 자책할 필요는 전혀 없다. 누구나 자기 안에 아직 해결되지 못한 문제를 하나씩은 갖고 있기 마련이다. 갑자기 이와 같은 문제에 직면할 때 그런 반응을 보이는 것은 지극히 당연하기 때문이다.

또는 '전문적인 면'에서 한계를 느낄 수도 있다. 영혼을 돌보는 일상 상담가는 치료사가 아니며 치료사일 필요도 없다. 그저 동행자로 족하다. 당신이 돌보는 사람의 상태가 심각한 정신장애로 발전한다면, 전문 치료사나 의사의 도움을 받도록 이끌어 주어야 한다.

10장

하나님의 사랑 전하기

영혼을 돌보는 상담의 토대

> 네 마음을 다하고 목숨을 다하고 뜻을 다하여 주 너의 하나님을 사랑하라 하셨으니 이것이 크고 첫째 되는 계명이요, 둘째도 그와 같으니 네 이웃을 네 자신같이 사랑하라 하셨으니 이 두 계명이 온 율법과 선지자의 강령이니라.
> —마태복음 22:37-40(개역개정)

영혼을 돌보는 일상 상담이란 한 사람에게 하나님의 사랑과 선하심과 능력을 전하려는 노력이다. "네 마음을 다하고 목숨을 다하고 뜻을 다하여 주 너의 하나님을 사랑하도록 하는 것"이 그 바탕이다. 우리가 자신과 남을 돌보는 토대는 우리를 향한 하나님의 사랑이며 우리는 그 사랑에 반응하는 것일 뿐이다. "그의 이름은 놀라우신 조언자, 전능하신 하나님, 영존하시는 아버지, 평화의 왕"(이사야 9:6)이라는 이 짤막한 묘사들은 예수님이 어떤 분인지 분명히 알려 준다. 그분은 우리에게 평화를 주시는 놀라운 구원자이자 상담가이며, 이 세상의 모든 문제보다 크고 강하신 분이다.

또한 영혼을 돌보는 기독교적 상담은 "네 이웃을 네 몸처럼 사랑하라"는 말씀에 따라 '이웃'을 중요하게 여긴다. 어려움에 처한 사람에게 다가가서 그의 상황을 접촉점으로 삼아 관계를 맺는 것이다. 그리고 그가 하나님이 어떤 분이신지를 깨닫고 하나님의 능력을 맛보아 알도록 돕는 것이다. 영혼을 돌보는 기독교적 상담은 경건한 미사여구로 문제를 덮으려는 노력이 아니다. 오히려 상대방이 하나님 앞으로 나아가 문제를 해결할 도움을 받을 수 있도록 자신의 상황을 똑바로 보도록 돕는 것이다. 그것은 결코 누가 옳고 그르냐를 따지기 위함이 아니다. 그러므로 상대방이 품고 있는 의심과 죄의 문제와 하나님을 찾아가는 질문들은 엄격하게 짜인 지식의 틀 속에서가 아니라, 지극히 평범한 일상 한가운데서 다루어져야 한다. 그 가운데서 어려움을 겪는 사람을 돕고 격려하고 때론 도전하면서 풀어 가야 한다.

나를 향한 하나님의 사랑을 받아들이고 하나님을 사랑할 때 점차 나 자신을 바르게 사랑할 수 있다. 즉 자기애나 이기주의에 빠지지 않고도 나 자신을 돌아보고 사랑할 수 있다. 그렇게 자신을 제대로 사랑하게 될 때 상대방을 사랑할 수 있다. 내가 상대방보다 강자라는 느낌을 갖기 위해서, 즉 자기 존재를 높이기 위해서 상대방을 '제물'로 삼지 않고서도 있는 모습 그대로의 상대를 사랑할 수 있다.

생각해 볼 질문

하나님을 사랑하고 네 이웃을 사랑하고 너를 사랑하라:
당신의 경우 이 세 가지 사랑의 영역이 조화를 잘 이루는가? 아니면 소홀히 다루는 부분이 있는가?
있다면 무엇을 바꾸고 싶은가? 어떻게 바꾸고 싶은가?
그러기 위해서 할 수 있는 일은 무엇이며, 누군가의 도움이 필요한 점은 무엇인가?

내 인생 여정 가운데 이러한 부분에서 모범을 보이며 신앙 형성에 지대한 영향을 미친 사람들이 많았다. 주일학교 시간에 듣고 배운 말씀도 물론 큰 영향을 주었지만, 그보다 훨씬 더 많은 영역에서 결정적인 도움을 준 것은 일상에서 만났던 사람들이었다. 그들은 그리스도인이란 어떤 존재인지를 내게 삶으로 보여 주었다. 그들을 통해 나는 하나님을 사랑 많으신 아버지로, 예수님을 사랑의 구원자로 만날 수 있었다. 그중 한 분은 내 고향 하게에 있는 복음주의 자유교회에 소속된 프뢰제 목사님이다. 우리 부모님이 운영하던 주유소의 단골이었던 그분은 언제나 공손하고 친절하셨다. 어머니가 무거운 물건을 들고 가는 모습을 볼 때마다 기꺼이 달려와 도와주셨기에 어머니는 그분을 참 좋아하셨다. 당시 나는 상당히 수줍음 많은 아이여서 늘 엄마 등 뒤에 숨어 있었고, 그런 내가 앞으로 나올 용기를 내기까지는 꽤 오랜 시간이 걸렸다.

어느 날 프뢰제 목사님이 어머니에게 주일학교에 나를 한번 보내라고 제안하셨다. 그 목사님을 신뢰했던 어머니는 흔쾌히 승낙하셨다. 나중에 어머니는 이렇게 말씀하셨다. "나는 그분을 믿고 그 제안을 받아들였지. 그분은 한 번도 내가 무거운 상자를 혼자 끌고 가도록 내버려 두지 않으셨거든. 그분은 열 마디 설교보다 행동으로 더 큰 믿음을 주신 거란다. 그러니 그분이 무슨 경건한 말을 한다면 그저 상투적인 말이 아니란 걸 알았기 때문에 그분의 말을 귀담아 들었던 거야."

가장 중요한 시간은 현재다.

가장 중요한 사람은 바로 당신 앞에 있는 사람이다.

가장 중요한 일은 사랑이다.

-마이스터 에크하르트

> **생각해 볼 질문**
>
> 예수님이 마지막 심판에 대해 하신 말씀을 읽어 보라(마태복음 25:31-46). 그리고 스스로에게 물어보라.
>
> "너희는, 내가 주릴 때에 내게 먹을 것을 주었고, 목마를 때에 마실 것을 주었으며, 나그네로 있을 때에 영접하였고, 헐벗을 때에 입을 것을 주었고, 병들어 있을 때에 돌보아 주었고, 감옥에 갇혀 있을 때에 찾아 주었다.…내가 진실로 너희에게 말한다. 무엇이든 너희가 여기 있는 내 형제자매 가운데, 지극히 보잘것없는 사람 하나에게 한 것이 곧 내게 한 것이다."
>
> 당신은 주위 사람들을 열린 마음으로 대하는가?

이 성경 본문에 묘사된 사람들은 다른 사람들에게 베푼 친절한 행동을 지극히 당연한 것으로 여겨서 그것을 특별히 '기독교적인 행위'라고 전혀 의식하지 않았다. 그것은 그저 삶 가운데 자연스럽게 행해지는 일상적인 일이었다. 당신은 이웃에게 '그리스도인으로서의 의무감 때문에' 다가가는가, 아니면 당신에게 다가와서 사랑으로 대해 주신 하나님의 사랑에 대한 반응으로 그렇게 하는가?

당신이 지금 다가가야 할 사람은 누구인가? 그러기 위해서 어떻게 첫걸음을 내딛을 것인가?

가장 중요한 시간은 현재

남편과 나는 작은 개를 한 마리 키운다. 그리고 우리처럼 개를 키우는 여러 사람들과 교제하는 시간을 갖는다. 이 모임에 소속된 사람들은 해질녘 가까운 공원에서 함께 산책을 한다. 그런데 얼마 전에 낯선 부인 한 명이 개를 데리고 우리에게 다가왔다. 그러고는 느닷없이 금주 요법을 막 끝내고 나서 심한 우울증에 시달리고 있다면서 자기 이야기를 쉴 새 없이 쏟아 놓았다. 그 뒤로도 가끔씩 그녀는 모임에서 자신과 자기가 앓고 있는 병에 대해 너무 많은 이야기를 자세히 털어놓았기 때문에 우리는 적잖은 부담을 느낄 수밖에 없었다. 그러다가 언제부턴가 그녀가 더 이상 보이지 않았다. 처음엔 대수롭지 않게 여겼다. 나중엔 한번 찾아가 봐야겠다는 생각이 들었지만 흔히 그렇듯이 그럴 만한 시간을 내지 못한 채 몇 주가 지나고 말았다. 한 달 반쯤 뒤에 우리는 그녀가 알코올 중독성 장기 손상으로 사망했다는 소식을 전해 들었다.

만약 그전에 우리가 찾아갔더라면 상황이 달라졌을까? 확신할 수는 없다. 그러나 확실한 것은 알코올에 중독된 사람이 혼자 힘으로 헤어 나오기는 참으로 어렵다는 사실이다. 그렇지 않다면 세계보건기구가 알코올 중독을 질병으로 분류하지 않았을 것이다. 어쨌든 분명한 사실은 그녀를 찾아가서 돌봐야겠다는 내면의 음성에 내가 순종하지 않았다는 것과, 순종했더라면 어떤 식으로든 상황이 바뀌었을지도 모른다는 것이다.

영혼을 돌보는 일상 상담은 말 그대로 우리의 평범한 일상 가운데 행하는 일이다. 굳이 따로 약속 잡을 필요도 없고, 똑똑한 말을 하기 위해 교육 받을 필요도 없다. 왜냐하면 치료 자체가 목적이 아니라 하나님을 사랑하고 이웃을 사랑하라는 가장 큰 계명을 실천하려는 것이기 때문이다. 치료를 목적으로 하는 만남에서는 일반적으로 도움이 필요한 사람이 상담가를 찾아오는 것이 원칙이다. 그러나 '영혼을 돌보는 일상 상담가'들은 먼저 도움이 필요한 사람들에게 다가가서 우정 관계를 맺은 다음, 상대방이 원하고 상담가가 제공할 수 있는 도움을 준다.

우리가 온 세상을 위해 존재할 수는 없다. 그러나 우리가 받은 하나님의 사랑을 그 사랑이 필요한 주변의 한 사람에게는 전할 수 있다.

기도하기

일상에서 시간과 에너지를 내어 다른 사람을 섬길 수 있는 원동력은 다름 아닌 기도에 있다. 기도를 필요로 하는 사람과 함께하는 기도, 더 이상 스스로 기도할 수 없는 사람을 위해서 하는 중보 기도, 무엇보다 혼자서 하는 사소하고 조용하지만 호흡 같은 기도, 때때로 하나님께 강력히 쏘아 올리는 '화살기도'를 통해 하나님을 우리의 중재자와 상담가로 초청할 때라야 이 일은 성공할 수 있다.

기도는 관계다. 내가 돌보는 사람과 그가 당면한 문제와 처한 상황 그리고 나 자신의 생각과 감정을 하나님의 임재, 즉 하나님과의 관계 속으로 가져가는 것이다. 그럴 때 둘만의 대화는 셋의 대화가 되고, 상담가로서의 나도 상대방도 사라지고, 오직 하나님 아버지의 시각으로 상황을 볼 수 있는 혜안을 얻는다. 무엇보다 일상 상담가인 나 자신이나 전문 치료사가 최종적인 구원자가 아니라 오직 하나님만이 상대방과 나를 모든 문제에서 구원하시는 주체임을 새로이 깨달을 수 있다.

> 구두장이가 구두를 만들고 재봉사가 옷을 만들듯이 그리스도인은 마땅히 기도해야 한다. 그리스도인의 일은 기도하는 것이다.
> −마르틴 루터

기도는 대화다. 자기 자신과의 대화가 아니라 하나님과의 대화다. 하나님은 같이 이야기 나누자고, 우리가 겪고 있는 일들을 이야기해 달라고 우리를 초대하신다. 일방적으로 혼자서 말하는 것은 대화가 아니다. 우리가 하나님께 드릴 말씀이 있듯이 하나님도 우리에게 하실 말씀이 있지 않겠는가. 영혼을 돌보는 일상 상담가로서 상대방의 말을 귀 기울여 듣고 난 후 그를 위해 홀로 하나님께 구할 때 또는 그와 함께 하나님께 구할 때, 우리 상상을 초월하는 흥미진진한 일이 일어날 것이다.

> **생각해 볼 질문**
>
> 당신은 '기도'라는 말을 들으면 무엇이 제일 먼저 떠오르는가?
>
> 기도에 대해 당신은 어떤 생각을 갖고 있는가?
>
> 기도에 대해 당신은 무엇을 느끼는가?
>
> 기도를 떠올릴 때 눈앞에 어떤 그림이 그려지는가?
>
> 기도에 관해 특별히 소중한 경험을 한 적이 있는가?
>
> 기도에 관해 가장 큰 도전을 주었던 경험은 무엇이었는가?

사람들을 예수님께로 이끌기

"하나님께서 무엇을 말씀하시든지, 내가 듣겠습니다"(시편 85:8).
나는 유치원 교사다. 어느 날 다른 유치원에 다니는 한 아이의 어머니가 우리 유치원에 놀러 왔다가 아주 속 깊은 이야기를 불쑥 꺼내 놓으며 심각한 근심거리를 털어놓았다. 순간적으로 나는 어떻게 그녀를 위로해야 할지 몰라 몹시 당황했다. 생각나는 말마다 너무 피상적인 것 같았다. 그래서 긴급하게 단 한마디의 화살기도를 하나님께 쏘아 올렸다. "도와주세요!" 그러나 갑자기 노련한 그리스도인이 저쪽 구석에서 불쑥 나타나 이 일을 해결해 주는 일은 절대 일어나지 않았다. 적절한 성경 말씀조차 전혀 떠오르지 않았다! 나는 절망한 채 뒷일은 생각지도 않고 불쑥 이렇게 말해 버렸다. "정말 끔찍한 일이네요. 뭐라 드릴 말씀이 없어요! 제가 그런 상황이라면, 제가 할 수 있고 또 마땅히 해야 할 일은 딱 하나뿐일 거예요. 이제부터 매일 밤 당신을 위해 기도할게요. 하나님이 당신을 도와주시도록 말이죠."

그러면서 그녀가 어떻게 반응할까 조마조마했는데, 그녀는 완전히 내 예상을 뒤엎는 반응을 보였다. "그러면 저와 함께 기도해 주시겠어요? 저도 신앙을 갖고 싶지만 아직 믿음이 없어서 제대로 기도할 줄 모르거든요. 가끔 시도해 보지만 하나님이 내 기도를 들으시는 것 같은 느낌이 전혀 안 들어요."

맙소사! 나는 여태껏 그런 걸 해 본 적이 없었고, 교회에서도 사람들 앞에서 청산유수로 기도할 줄 아는 '믿음의 영웅' 축에는 끼지 못한다. 하지만 지금은 어쩔 도리가 없다는 것이 분명해 보였다. 그래서 마지못해 승낙했다. "예, 그럴게요. 당신이 원한다면 언제든 쉽게 하나님과 교제할 수 있어요. 그냥 하나님께 이야기하면 돼요. 하나님은 언제 어디서나 우리 기도를 들으시거든요! 그럼 이제 제가 먼저 당신을 위해 기도할게요. 당신도 용기가 나면 제가 기도한 뒤에 이어서 그냥 생각나는 대로 하나님께 이야기하세요. 잘하고 못하는 건 전혀 없답니다. 그냥 편하게 자유롭게 하면 돼요."

심장이 어찌나 뛰던지 목구멍 밖으로 튀어나올 지경이었다. 실은 그녀와 마찬가지로 나 자신도 기도를 하기 위해선 용기를 쥐어짜내야 했다! 어쨌든 나는 그녀를 위해 기도했고, 그녀도 이어서 기도를 했다. 그것이 그녀에게 매우 좋은 영향을 끼쳤던 것 같다. 우리는 그 뒤 함께 기도하기 위해 거의 매일 잠깐씩 만났다. 그녀는 상황이 어떻게 전개되어 가는지, 그사이에 무슨 일이 일어났는지 내게 다 이야기했고, 매번 우리 두 사람은 함께 나눈 이야기를 하나님 앞으로 가져가 기도했다. 이전에 나는 나와 하나님과의 관계에 대해 그토록 많이 이야기해 본 적이 없었고, 그녀도 이전에 자신을 그토록 깊이 성찰해 본 적이 없었다. 둘 다 이때만큼 많이 기도해 본 적도 없었다! 그리고 내 기도 짝이 된 안네와 이야기를 나누면서 하나님과 나 자신의 관계가 어디서부터 잘못되었는지 하나씩 깨달아 가기 시작했다. 또한 나는 여전히 매우 자주 이 만남 중에 화살기도를 쏘아 올려야 했다. "하나님, 제가 쓸데없는 소리는 제발 그만하게 해주세요!" "주님, 지금 대체 무슨 말을 해야 할까요?"

이제 이 만남은 안네뿐 아니라 내게도 무척 소중해졌다. 그녀가 던지는 질문은 늘 내 삶을 돌아보게 만들었다. 내가 정말 무엇을 믿고 있는지, 믿지도 않으면서 남의 말만 앵무새처럼 따라 하는 부분은 무엇인지 깨닫게 해주었다.

나는 기독교 신앙을 가진 부모님에게서 태어나 자연스럽게 그리스도인이 되었지만, 안네와의 만남을 통해 내가 지금까지 알아 온 것보다 알아야 할 것들이 훨씬 더 많다는 걸 깨달았고, 예수님을 새로이 내 구주로 모셔 들이게 되었다. 가끔 나는 이런 기도도 했다. "주님, 저는 안네에게 적당한 상대가 아니에요. 그녀에게 저보다 더 신앙이 독실하고 견고해서 의심 따윈 조금도 하지 않는 사람을 보내 주세요!" 하지만 아무도 안 나타났다. 나는 안네와 만나며 내 한계를 느낄 때마다 하나님이 직접 안네에게 말씀해 주시기를 간구했다.

그러던 어느 날 내 기도 짝이 이렇게 말했다. "당신은 예수님께 내 죄를 내려놓을 수 있다고 말했죠. 그 말이 맞다면, 그리고 예수님이 하나님께로 가는 유일한 길이라면 나도 예수님을 모셔 들이고 싶어요. 예수님을 내 구주로 믿고 싶어요." 그 순간 나는 또 한 번 경악해서 대뜸 그럼 우리 목사님을 연결해 주겠노라고 제안했다. 그러자 안네가 반문했다. "왜요? 예수님을 믿으려면 목사님의 확인 도장이 필요한가요?" 아니다. 그런 건 필요 없다. 나는 그저 혹시 내 실수로 그녀가 진짜 그리스도인이 되지 못할까 봐 겁이 났던 것뿐이다. 하지만 곧 말도 안 되는 소리라는 걸 깨닫고 이렇게 대답했다. "목사님의 확인 도장은 필요 없어요. 하지만 일부 맞기도 해요. 당신은 목사님이 아니라 하나님께 확인 도장을 받게 될 거예요."

어떻게 할지 함께 의논하는 가운데 그녀에게 멋진 생각이 떠올랐다. 그녀는 다음번 만날 때 자기를 짓누르는 문제들과 죄책감에 시달리는 부분들을 종이에 적어서 가져오기로 했다. 그 만남 때 나는 상징적인 의미로 탁자에 십자가를 하나 세워 놓았다. 그리고 그녀가 적어 온 모든 것을 하나님께 말씀드리고 용서를 구하는 기도를 드린 후, 그

종이를 찢으며 이렇게 선포했다. "예수님이 십자가에서 모든 죄를, 안네의 죄까지도 다 지셨습니다!" 우리는 찢어진 종잇조각들을 십자가 아래 두고 얼싸안으며 기쁨의 눈물을 흘렸다. 그러고 나서 안네는 내가 평생 잊지 못할 기도를 드렸다. "예수님, 감사합니다. 저는 이제 당신의 것이라고 당신의 확인 도장을 받았습니다. 지금 몹시 기쁘고, 심지어 이전에 힘들었던 일들까지도 모두 감사해요. 그런 일이 없었다면 헬가를 이토록 깊이 알지 못했을 테고, 주님이 우리를 얼마나 사랑하시는지도 듣지 못했을 테니까요!"

나는 이전에 이런 말을 자주 들었다. 그리스도인은 다른 사람들을 '예수님께로만 이끌어야' 하고 우리 자신은 감추어야 한다고. 그러나 안네를 만나면서 생각이 바뀌었다. 물론 그 말이 맞는 부분도 있지만, 다른 사람들을 주님께로 이끌기 위해서는 우리 빛을 그릇으로 덮어 두어서는 안 되고 사람들 앞에 비추어야 한다. 그리고 또 한 가지를 깨달았다. 나 스스로 아무도 예수님께로 이끌 수 없을 때 주님이 직접 사람들을 내게로 이끌어 오신다는 사실과, 나는 그들을 위해 부지런히 화살기도를 쏘아 올리기만 하면 성령님이 내비게이션처럼 그다음 길을 인도하신다는 것을. 정말 쉬운 일 아닌가!

－헬가 마이스터

누가 당신에게 이렇게 말한다면 어떻게 하겠는가? "내가 그리스도인인지 아닌지 잘 모르겠어요. 하지만 나는 그리스도인이 되고 싶어요." 우선 당신은 기뻐해야 한다. 하늘에서도 큰 잔치가 벌어질 테니까. 그러고 나서 마음 푹 놓고 '하나님의 내비게이션'을 믿고 따르면 된다. 우선 당신이 믿고 있는 것에 대해, 즉 예수님이 사람들을 위해 하신 일, 그분의 희생과 용서, 죽음을 이긴 권세와 부활 등에 대해 말하라. 그러면 사람들은 대부분 매우 개인적인 삶의 주요 문제를 털어놓게 된다. 그때 당신 마음속에 계신 하나님의 성령이 당신을 인도해 가실 것을 믿고 잠잠히 따르면 된다.

중요한 것은, 상대방이 예수를 주로 믿겠다는 고백을 할 때 당신만 말로 선포할 게 아니라 상대방도 말하게 해야 한다는 것이다. 우리가 하나님을 믿고 그분께 속하겠다고 소리 내어 말로 선포하는 것은, 보이지 않는 세계 앞에서 한 약속으로서 엄청난 효력을 지니기 때문이다. 그것을 '헌신 기도'라고도 한다. 이는 나를 완전히 하나님의 손에 의탁하여 오직 그분만이 구원자이심을 고백하며 내 삶을 그분께 온전히 드리는 기도다. 이때는 간접적인 소망이 아니라 직접적인 선언 형태로 표현하는 것이 좋다. 예를 들어 "나는 예수님을 나의 주님으로 모셔 들이고 싶습니다"가 아니라 "나는 예수님을 나의 주님으로 모셔 들입니다"라고 선포하는 것이다. 한 사람이 '하늘의 시민권'을 얻고 기도 짝이 증인으로 확증하는 이 중요한 의식을 치를 때 눈에 보이진 않지만 영적인 세계에서는 매우 많은 일들이 일어난다. 상담가로서 당신은 이때 증인의 선언을 당신 자신의 말로 표현해도 되고 성경 구절을 인용할 수도 있다. 이를테면 "당신은 이제 하나님의 자녀입니다. 하나님이 말쓸하십니다. '너는 두려워하지 말아라. 내가 너를 구원하였고 내가 너를 지명하여 불렀으니 너는 내 것이다!'(이사야 43:1, 현대인의 성경)."

용서하기

> 누군가를 용서하는 것은 갇혀 있던 자신을 자유케 하는 것이다.
> ―디트리히 본회퍼

영혼을 돌보는 기독교적 상담은 상대방의 실수나 잘못을 사랑으로 지적하는 것을 꺼리면 안 된다. 하나님이 책망하시는 목적은 우리를 심판하시는 것이 아니라 구원하시는 것이다. 영혼을 돌보는 상담가 역시 하나님과 같은 마음과 열정으로 죄와 용서를 다룰 용기를 가져야 한다. 대부분의 사람들은 상대의 잘못된 행동을 알고도 솔직히 말하기가 어려워 회피하려 든다. 그러나 치유와 회복을 위해서는 문제를 드러내고 잘못을 지적할 용기가 있는 사람들이 언제나 필요하다.

예수님은 주기도문에서 "우리가 우리에게 죄 지은 사람을 용서하여 준 것같이 우리의 죄를 용서하여 주시고"(마태복음 6:12)라고 말씀하신다. 여기서 우리는 용서라는 주제에 관해 중요한 두 가지 핵심어인 '죄'와 '죄 지은 자'(또는 빚진 자)를 볼 수 있다.

이 개념들은 용서할 때 정말 중요한 것이 무엇이며, 용서가 왜 그토록 어려운지를 분명히 보여 준다. 우선 '빚진 자'라는 개념을 살펴보

자. 어떤 사람이 내게 빚을 졌다. 그 일로 나는 상당히 큰 대가를 치렀을 수도 있다. 마음이 상했을 수도 있고 손해를 입었을 수도 있다. 그 상처는 가벼운 것일 수도 있지만 심각한 것일 수도 있다. 또 어떤 경우는 평생 지고 가야 하기도 한다. 누군가 나에게 그런 빚을 졌다면, 당연히 아직 받을 게 있다고 생각할 것이다. 또 그것을 다 받기 전에는 결코 계산을 끝낼 수 없다고 여길 것이다.

이제 '빚/죄'라는 개념을 살펴보겠다. 내가 누군가에게 무슨 빚을 지거나 죄를 지었다면, 빚은 갚아야 하고 죗값은 치러야 한다. 상대는 내게 빚을 갚으라고 요구하거나 용서를 빌라고 요구할 수 있다. 상대방의 그런 요구가 지극히 당연하다는 사실을 나는 알고 있다. 이 빚을 어떻게 처리할 것인지는 상대방의 손에 달려 있으므로, 그는 내게 권력을 갖고 있다 할 수 있다. 이 빚을 갚을 수 있다면 정말 좋겠지만, 빚이 너무 많아서 갚을 수 없다면 채무자에게는 견디기 힘든 상황이 펼쳐진다. 그러면 나는 상대방이 나를 '감옥에 집어넣지 않고' 빚을 탕감해 주기를 바랄 것이다. 내 운명은 이제 그의 손에 달려 있다. 이런 상황은 당연히 아무도 원하지 않는다. 더욱이 내가 갚을 수 없는 빚을 졌다는 사실이 세상에 알려지는 것은 무척 고통스럽다. 이런 일이 공개되면 내 자존감과 명예는 치명적인 상처와 손실을 입을 것이다.

우리는 빚과 빚진 자에 대한 개념을 마치 채무 관계 다루듯 할 때가 많다. 한쪽은 무슨 수를 써서라도 돈을 다 받아 내려고 애쓰고, 다른 쪽은 마지막 경고를 받을 때까지 버티거나 가능한 한 금액을 깎으려고 시도한다. 어떤 사람은 때론 이자까지 덧붙여서 당장 갚으라고 요구하고, 관대한 사람은 빚을 없던 것으로 해주기도 한다. 어떤 사람은 공식적으로는 전혀 요구하지 않지만 그리스도인으로서 어느 정도까지 요구해도 될지 마음속으로 상당히 정확하게 계산하기도 한다.

영혼을 돌보는 상담가로서 우리는 죄와 용서라는 주제를 피하지 말고 직면해야 한다. 이 점에서 다음에 나오는 죄와 용서의 상관관계를 분명히 알아 두면 상대방을 돕는 데 유용하다.

1. 용서가 '거룩한 의무'가 될 때 죄는 '부활'하기 쉽다

아직 부글부글 끓고 있는 냄비를 뚜껑으로 급히 닫아 버리듯 용서를 '거룩한 의무'로 강요하면 '평화를 위한 겉치레'로 변질되는 위험에 빠질 수 있다. 그 결과, 희생자 역할에 지나치게 몰입해서 '가장 낮은 길'을 가는 동안 치밀어 오르는 분노를 억누르느라 고통스럽게 싸우는 사람들을 나는 많이 알고 있다.

그러한 '거짓 용서'는 갈등을 회피하는 일시적 수단이 될 수는 있지만 정작 필요한 궁극적 해결책이 되지는 못한다. 언젠가는 폭발하거나 쓴 뿌리로 남는다. 교회가 건강하게 성장하려면 갈등을 덮어 두는 대신 진지하게 직면해서 건설적으로 씨름하는 일이 꼭 필요하다.

2. 빚진 자는 빚에 얽매인다

그러나 반대로 빚을 준 자가 '지불되지 않은 계산'에 사로잡혀서 빚진 자를 용서할 수 없는 마음에 얽매이기도 한다. '지불되지 않은 계산'이란 자신이 기대하는 수준의 사과일 수도 있고, 상대방이 죄를 인정하거나 배상하는 것, 또는 상대방이 지금 주지 않는 것을 언젠가는 받게 되리라는 희망일 수도 있다.

하지만 그렇게 되지 않을 경우에는 어떻게 될까? 빚을 준 자는 자기가 받은 상처와 원인 제공자에게 집착해서 자기 권리를 되찾으려고 끊임없이 싸우게 된다. 그럴 때마다 또 다른 상처를 입을 것이다. 오직 이 한 가지 문제에 매여 있는 사람은 그것으로 인한 고통만을 강하게 인식한다. 그래서 자기 삶에서 잘되고 있는 다른 일들과 자기를 사랑하고 도와주는 다른 사람들은 더 이상 인식하지 못한다.

3. 빚을 준 자는 빚진 자를 처벌하고 싶어 한다

누군가에게 눈에는 눈, 이에는 이로 갚고 싶었던 적이 있는가? 그가 당신에게 고통을 준 만큼 똑같이 고통당하기를 바란 적이 있는가?

그래서 많은 시간과 에너지를 복수하는 상상에 쏟아붓는 경우가 많다. 그럴 때 우리가 상상 속에서 사용하는 방법들은 우리가 '빚진 자'와 별로 다를 바 없다는 것을 깨달은 적이 있는가?

한편, 누군가에게 인정, 사랑, 관심 등 무언가를 얻으려고 끊임없이 애쓰는 사람들이 있다. 이것을 얻으려고 애쓸수록 그들은 점점 더 분노하고 절망하면서 하나님이나 자기 자신이 아니라 오직 그 대상만을 삶의 기준으로 삼는다.

그런데 너무 오랫동안 얻고 싶은 것을 얻지 못하고 고통을 당하면 복수를 생각하게 된다. 복수의 형태는 여러 가지가 될 수 있다. 상대방을 향한 적대감뿐만 아니라 심지어 자해를 복수의 방편으로 이용하기도 한다.

영혼을 돌보는 상담가는 죄와 복수의 악순환에 사로잡힌 사람에게 그렇게 해 봤자 얻는 게 전혀 없다는 것을 깨우쳐 주어야 한다. 빚을 갚으라고 독촉하는 일에 온 신경을 빼앗기면, 과거에 매여 현재가 주는 선물을 누리지 못한다. 그러므로 이런 상황에 사로잡혀 있을 때, 한쪽으로 쏠려 있는 부정적인 시각을 하나님과 자기 자신으로 되돌리도록 격려하고 도와줄 사람이 필요하다.

마태복음 6장 14-15절은 이렇게 말한다. "너희가 남의 잘못을 용서해 주면, 너희 하늘 아버지께서도 너희를 용서해 주실 것이다. 그러나 너희가 남을 용서해 주지 않으면, 너희 아버지께서도 너희의 잘못을 용서해 주지 않으실 것이다".

나는 이 말씀이 꽤 오랫동안 마음에 들지 않았다. 그러나 이제 이전과는 다른 관점에서 본다. 똑같은 실수를 되풀이한 후 나는 차마 하나님께 가까이 다가가지 못하고 상처 속에만 틀어박혀 있었다. 스스로 용서하기 힘들어하며 '절대 용서할 수 없어'를 되뇌일 때, 하나님의 영은 내 독백을 중단시키시며 말씀하셨다. "너를 용서해라. 정말로 너와 나를 분리시키는 죄는 네 삶의 몇몇 영역에서 나를 아직 믿지 못하는 것이다. 나는 너를 여전히 사랑하고, 내 도움 없이 너는 결코 죄의 문제에서 벗어날 수 없다. 그러니 네 힘으로 혼자서 해결해 보려 발버둥치지 말고 내게 나아와 맡겨라. 네 수고나 노력으로가 아니라 은혜로 구원받는다는 사실을 꼭 붙들어라. 나는 너를 너 대신 죗값을 다 치른 내 아들 예수를 통해 보기 때문이다. 너는 그리스도와 함께 죽었고 함께 부활했으며 그와 하나가 되어 살아간다는 사실을 삶 속에서 온전히 누릴 때까지 늘 새로이 되새겨라! 너는 이제 새로운 피조물이다. 새롭게 창조되었다. 그러니 혼자 해결할 수 없을 때에만 내게 구원을 요청하는 버릇을 고치고, 이제는 나와 하나됨을 누려라. 비록 전혀 보이지도 들리지도 이해되지도 않을지라도 온전히 맡겨라!"

죄란 '분리'를 뜻한다. 죄를 지으면 하나님으로부터 분리된다. 그 상황에서 빠져나오는 열쇠는 나를 용서하고 하나님의 용서를 받아들이는 것이다. 내 어두운 구석을 감추기 위해 하나님께 등을 돌리고 숨는 대신, 하나님이 나를 죄의 수렁에서 꺼내 주시도록 그분의 은혜에 나를 내맡기는 것이다.

진정으로 다른 사람을 용서하고 싶다면 우선 나 자신부터 용서하는 법을 배워야 한다. 그리고 나를 용서하시는 하나님의 은혜를 맛보아 알아야 한다. 그 은혜를 자신이 먼저 체험하여 깨닫지 못하면 다른 사람도 용서하기 어렵다.

불치병을 앓고 있던 크리스티네는 하나님이 자신을 받아 주시지 않을까 몹시 두려웠다. 모든 죄를 용서받고 싶었지만 정말 용서받았는지 확신이 없었다. 그래서 그녀는 이렇게 기도했다. "하나님, 저는 당신께 가까이 다가가기 위해 사다리를 놓아 보려고 늘 노력했어요. 하지만 할 수 없다는 걸 이제 압니다. 더 이상 제겐 그럴 힘이 없어요. 저는 약하고 지쳤습니다. 이제 저는 사다리 맨 꼭대기에 올라서서 당신께 부탁합니다. 당신이 제게로 와 주세요. 저 혼자 내디딜 수 없는 걸음을 저와 함께 걸어 주세요!"

그녀는 마지막 문장을 새로운 표현으로 바꾸어 기도하는 걸 좋아한다. "하나님 아버지, 저는 두려워요. 제게로 와 주세요!" "하나님 아버지, 저는 슬퍼요. 제게로 와 주세요!" 구원이 하나님 손에 달려 있음을 그녀는 이렇게 표현했다.

용서 선포하기

상대방이 누군가를 용서하고 싶어 할 때 상담가로서 나는 어떻게 도울 수 있을까? 용서의 첫걸음은 무엇보다 용서해야 할 죄와 진지하게 직면하는 것이다. 따라서 그가 어떤 상처를 얼마나 입었는지 말하게 하고 경청해 주어야 한다.

용서해야 할 내용이 분명해졌다면, 상대방이 하나님 앞에서 이렇게 큰 소리로 선포하도록 격려한다. "예, 주님, 그것 때문에 저는 아팠습니다! 힘들고 고통스러웠습니다. 그러나 이제 더 이상 과거에 매여 살지 않겠습니다. 자유롭고 싶습니다. 이 상처를 치유받고 앞으로 나아가고 싶습니다…" 여기서 다시 한 번 무엇을 용서해야 할지 구체적으로 언급하는 것이 좋다. 예를 들어 "예수님의 이름으로 나는 아버지를 용서합니다. 아버지가 내게 신체적·정신적 폭력을 가한 것과 너무 엄한 교육 방식으로 내 마음을 위축시킨 것을… 용서합니다." 그리고 상담가는 상대방이 가능한 한 구체적이고 직접적으로 용서를 선포하도록 격려하라. 이를테면 "나는 용서하고 싶어요"가 아니라 "나는 용서합니다"와 같은 식으로 말이다. 왜냐하면 큰 소리로 분명하게 선포하는 순간에 심리적으로뿐 아니라 영적으로도 부정적인 매임이 풀리기 때문이다. 그것은 보이지 않더라도 매우 분명하게 작용한다.

용서 받아들이기

'회개' 또는 '참회'라고 하면 압박감, 경직성, 율법 등을 떠올리는 사람들이 많다. 그에 관해 다음 이야기를 들어 보자.

웃기는 광대극
나는 원래 가톨릭 출신이지만 고해성사를 늘 웃기는 광대극이라 여겼다. 아이였을 때 나는 고해성사 시간에 늘 똑같은 장면을 연출했다. "저는 거짓말했어요. 엄마 말씀을 안 들었어요. 아빠에게 버릇없이 굴었어요…" 그러고 나서 벌로 몇 가지 기도문을 외우면 끝이었다. 따라서 내가 가진 하나님에 대한 이미지는 매우 양면적이었다. 한편으로 하나님은 내게 걸핏하면 화를 내는 분이셨다. 그럴 때마다 회개로 다시 누그러뜨려야 하고, 내가 잘못하면 벌을 주고 잘하면 상을 주는 산타 할아버지 같은 존재였다. 또 한편으론 몇 가지 틀에 박힌 기도문만 읊조려 주면 다시 모든 게 괜찮아지는 존재였다!

−클라우스 아커만

네 눈이 보는 것을 조심해

어린아이였을 때 나는 하나님이 무서웠다. 그분은 모든 걸 감시하고 심판하는 존재였다. "조심해, 네 눈이 보는 것을! 조심해, 네 손이 하는 것을! 하늘 아버지가 너를 내려다보고 계시니!" 이와 같은 어린이 찬송가의 가사처럼 하나님은 내가 무슨 잘못을 저지르지는 않는지 눈을 부릅뜨고 지켜보는 감시자였다. 내가 끊임없이 죄책감에 시달리는 사람으로 자란 데는 하나님에 대한 이미지도 한몫했다. 하나님은 내가 무엇을 하는지만 감시하시는 게 아니라 무엇을 생각하고 느끼고 계획하는지도 보시니 말이다. 나는 오랜 세월 동안 죄를 회개해야 한다는 압박을 느끼며 살았다. 그러나 용서받았다는 확신은 전혀 없었다. 회개하면 그저 잠시 마음이 편했을 뿐, 곧 다시 짓눌렸다. 몇 년 전에야 비로소 내가 죄를 지으면 기다렸다는 듯 나를 체포해서 처벌하는 것은 하나님의 관심사가 아니라는 것을 깨달았다. 또한 회개는 마지막 순간에 하나님께 뒷덜미를 잡히지 않기 위한 '보호 수단'이 아니라 나를 죄에서 자유롭게 하는 해방의 수단이라는 사실도 깨달았다!

−얀 테르벤

회개는 자기가 실수하고 죄를 지었음을 인정하는 것이다. 그것은 책임을 지겠다는 강한 의지의 표현인 동시에, 묶여 있던 것으로부터 자유를 누리는 참된 기회다. 물론 그리스도인에게는 하나님과 사람들 앞에서 자신의 잘못과 실수를 시인하고 용서하는 삶이 아주 당연한 일상이 되어야 한다. 이때 회개는 두루뭉술하게 피상적으로 하지 말고 가능한 한 구체적으로 해야 한다. 예를 들면 이런 식이다. "아내의 마음을 아프게 해서 죄송합니다" "…에게 사랑 없이 행동한 것을 용서해 주세요." 회개가 분명하고 솔직할수록 더욱 분명한 용서와 자유를 체험할 수 있기 때문이다. 상담가는 상대방이 회개의 말을 구체적으로 정확히 할 수 있도록 적절한 질문을 통해 점검하며 도울 수 있다. "제가 이렇게 이해한 것이 맞습니까?" "그러니까 당신의 말은 이런 뜻인가요?"

상대방이 구체적이고 솔직하게 회개하면 상담가는 이 순간 하나님이 하신 일을 말로 선포해 준다. 말하자면 법원의 위임을 받아 수감자에게 "당신은 이제 자유다. 가도 된다!"를 선언하는 교도관처럼 이렇게 선언하는 것이다. "나는 예수님의 이름으로 당신에게 선언합니다. 하나님이 당신을 용서하셨습니다! 예수 그리스도께서 당신을 죄에서 자유롭게 하셨습니다. 그러니 이제부터 그 누구도 이 죄 때문에 당신을 하나님 앞에 고소할 수 없습니다."

상담가는 상대방의 비밀을 지켜 줄 만큼 입이 무거워야 한다. 대화 상대자가 회개할 때 하나님과 당사자 앞에서 고백한 일을 절대 다른 사람들에게 누설해서는 안 된다. 한 사람의 신실한 상담가 앞에서 자신의 은밀한 죄 문제를 솔직하게 나누고 자유를 맛본 사람은, 또 다른 사람에게 그런 상담가가 되어 주기 쉽다.

> **생각해 볼 질문**
>
> 회개해 본 적이 있는가? 그때 어떤 경험을 했는가?
> 누군가에게 당신의 잘못을 털어놓기 위해서 당신에게 필요한 도움은 무엇인가?
> 당신의 죄 문제를 상담하는 사람이 어떤 태도를 취해 주면 좋겠는가?

축복하기

축복은 본디 모든 종교의 관심사다. 사람은 누구나 안녕, 건강, 행복, 충만한 삶을 원하기 때문에 축복을 필요로 한다. 그래서 사람들은 서로 덕담을 나누고 좋은 것을 빌어 준다.

구약에서 '축복'을 말할 때 주로 사용되는 히브리어는 '바라크'(*barach*)로 '유익한 힘을 갖추었다'는 뜻이다. '바라크'는 하나님의 일하심을 말할 때는 '복을 베풀다'라는 뜻이지만, 사람의 행위를 말할 때는 '찬양하다'라는 뜻으로 쓰이는 점이 흥미롭다[아래의 그리스어 율로게인(*eulogein*)도 마찬가지다]. 그것은 사람의 찬양은 하나님의 복 주심에 대한 응답이며, 다시 복을 가져오는 것임을 상기시킨다.

신약에서는 '축복'을 말할 때 그리스어 '율로게인'이 주로 쓰였다. 이 단어는 '좋은 것을 말하다' '무엇을 좋게 말하다'라는 뜻이지만, 히브리어 '바라크'처럼 '유익한 힘을 갖추다' '찬양하다'라는 뜻도 있다.

기본적으로 하나님은 복 주시는 분이다. 그분은 언제 누구에게 어떤 복을 어떻게 줄 것인지도 결정하신다. 사람들도 서로를 향해 복을 선포하고 복을 빌어 준다. 예를 들어 이삭과 야곱도 화해할 때 서로 복을 빌어 주었다(참고. 창세기 27장).

교회와 가정의 '일상에서' 개인적인 상황을 위해서, 중요한 결정을 제대로 할 수 있도록, 혹은 어려운 문제를 해결하기 위해서 서로를 축복하는 것은 신앙인의 좋은 습관이다. 축복은 '하나님의 선한 힘'을 어떤 사람이나 어떤 상황에 선포하는 것이므로 단순히 막연한 희망 이상의 능력을 준다.

축복하기: 아이들을 위한 선포

만나기로 약속한 사람이 너를 바람맞히지 않고 올 거라고 믿는 것처럼, 하나님 앞에 나갈 때도 그분은 너를 바람맞히지 않으실 거라고 확신할 수 있어. 하나님은 늘 우리와의 만남을 기다리고 계시니까 말이야.

그런 관계를 좀 어려운 말로 신뢰 관계라고 할 수 있지. 누군가를 신뢰하고 문제를 털어놓을 때는 그 사람이 네 편이 되어서 좋은 조언을 해 주고 위로해 주길 바랄 거야. 하나님도 마찬가지야. 그분도 네게 그렇게 해주고 싶어 하신단다. 하나님이 계시다는 것을 믿고 신뢰하면 하나님이 주시는 복을 받을 수 있어. 그런데 축복이란 대체 무슨 뜻일까? 그건 하나님이 너를 돌보고 도우며 네 삶 가운데 함께하신다는 뜻이야. 네가 천국에 도착할 때까지 절대 바람맞히시지 않는다는 말이지!

꼭 무슨 '문제'가 있어야만 축복할 수 있는 건 아니다. 부모는 자녀를 축복하고, 동료들은 새로 맡은 과제를 축복할 수 있다. 인생의 새로운 시기를 맞을 때마다 우리 모두 서로를 축복할 수 있다. 하늘 아버지께 우리 자신뿐만 아니라 타인에게도 하나님이 사랑과 선하심으로 함께해 달라고 부탁하는 것이 축복이다. 또한 우리가 하나님을 기뻐하고 하나님의 위대하심과 능력과 사랑을 높이며 찬양하는 것도 축복이다.

서로를 축복할 때 마가복음 10장 16절에서 예수님이 하신 방식대로 '손을 얹고' 할 수도 있다. 이는 하나님의 친밀함을 겉으로 드러내는 표시다. 우리가 누군가를 축복하는 행위는 무엇보다 우리를 축복하시는 하나님을 의지하고 바라보는 것이다.

생각해 볼 질문

누구에게 축복받고 싶은가?

무엇을 위해 축복이 필요한가?

오늘 당신의 축복이 필요한 사람은 누구인가?

지금까지 살면서 누구를 축복해 봤는가?

결코 축복하고 싶지 않은 사람이 있는가? 있다면 이유는 무엇인가?

상대방이 일상 상담가인 당신에게 축복을 받고 싶다고 부탁을 해 오면, 어떤 부분에 축복을 받고 싶은지 구체적으로 물어보고 대화를 나누라. 그러다 보면 누군가와 풀어야 할 갈등이나 반드시 해야 할 결단에 대해서 알게 된다. 이런 점들을 풀어 갈 수 있도록 조언하면서 상대방의 허락을 받은 후 머리나 어깨에 손을 얹고 축복의 말을 해주는 것도 좋다.

11장

나의 '일상 상담가' 자질은?

일러두기 이 장의 저자는 마티아스 히플러(Matthias Hipler)입니다.

혹시 당신이 '일상 상담가'로 적합한지에 대해 자신이 없는가? 그렇다면 스스로에게 다음 질문을 던져 보라. 당신이 좋은 상담가가 아니라고 생각하는 근거는 무엇인가? 바로 그 이유 때문에 당신은 지금까지 누군가의 상담가가 될 수 있는 기회를 거부해 왔을 것이다. 그러나 관점만 바꾸면 자신 없다고 생각하는 그 이유가 오히려 더 훌륭한 상담가가 될 수 있는 이유가 된다.

이제 당신의 용기를 빼앗아 왔던 다섯 가지 주장을 살펴볼 것이다. 그리고 그것들을 당신이 상담가의 역할을 받아들일 수 있는 긍정적인 이유로 재해석해 보겠다.

용기를 뺏는 이유 1:

"나 자신이 아직 상담받을 필요가 있다. 그런데 이렇게 부족한 내가 어떻게 다른 사람의 상담가가 될 수 있겠는가!"

용기를 주는 이유 1:

지극히 사소한 일에 지극히 충성하는 것이 대가의 위대함이다.
대가들은 지극히 사소한 일을 해냈고, 그들의 삶은 그런 헌신의 연속이었다.
-H. 하베르

'불완전하고 실수투성이인 그리스도인 모임'에 온 것을 환영한다! 나도 그 모임의 회원이다. 우리 중 친밀한 대화와 도움이 가득한 관계를 포기할 만큼 능력 있는 사람은 아무도 없다.

살아가면서 혼자 해결할 수 없는 문제에 부딪혔을 때 누군가의 도움을 구하는 것 또한 영적 성숙의 증거다. 하나님의 아들이신 예수님조차 십자가의 죽음을 앞두고 겟세마네 동산에서 제자들에게 도움을 요청하셨다. 주님은 제자들에게 함께 있어 달라고 부탁하셨다. 모든 것을 혼자서 해결할 수 있다고 믿는 사람은 자기중심적이고 이기적일 뿐만 아니라 불필요하게 힘을 소모하는 삶을 산다.

독자적으로만 행동하는 '별난 사람'은 꼭 필요한 영적인 공동체와의 접촉점을 잃는다. 다른 사람에게 자기 영혼을 돌볼 수 있도록 상담을 허용할 때, 당신 역시 긍휼의 마음을 지닌 좋은 상담가가 될 수 있다. 자신이 타인의 도움을 받을 수 있다는 사실을 인정하는 사람은 상대방보다 내가 더 낫다는 도덕적 우월감을 갖지 않기 때문이다. 내 삶 구석구석에 문제와 어려움이 있는 만큼 다른 사람의 어려움도 자기 일처럼 이해할 수 있다. 그래서 상대방을 인내로 대하며 상담해 줄 수 있다.

당신의 영혼을 돌봐 줄 일상 상담가를 삶에 받아들일 때, 당신을 상담가로 필요로 하는 사람을 만나게 될 것이다. 당신 삶에 상담을 허용하면, 당신도 상담가가 될 것이다.

용기를 뺏는 이유 2:

"나는 모든 질문에 다 대답할 수 없다. 내 지식은 너무 제한적이다."

용기를 주는 이유 2:

'충성되다'는 말은
하나님이 당신을 두신 그곳에서,
하나님이 요구하시는 일을 하며,
하나님이 허락하신 고통을 겪으면서 존재한다는 뜻이다.
−G. 첼러

기독교 심리학 전문학교인 이그니스(IGNIS)가 교회 안의 상담을 주제로 설문조사를 실시했다. 조사에 따르면, 응답자의 4분의 3이 상담가의 자질로 가장 중요하게 여긴 것은 하나님과 집중적인 교제를 나누는 것이었다. 응답자의 10분의 1만이 상담가의 자질로 심리학적·의학적 전문 지식을 중요하게 여겼다.

일상 상담의 중요한 방법 중 하나는 질문하는 것이다. 모든 걸 다 아는 사람은 질문할 수 없다. 심지어 모든 걸 다 아시는 예수님도 흥미로운 질문으로 자주 대화를 시작하셨다. "네가 낫고자 하느냐?" "내가 네게 무엇을 해주기를 원하느냐?" 이런 질문은 상대방이 자신의 문제에 대해 깊이 생각하고 문제 해결에 적극적으로 참여하도록 자극하는 효과가 있다.

예를 들어 상담 가운데 다음 질문들을 던질 수 있다.

- 언제부터 그 문제를 가지고 있었는가?
- 그 문제를 해결하기 위해 지금까지 어떤 노력을 기울여 왔는가? 그중 도움이 된 것은 무엇이며, 전혀 도움이 되지 않은 것은 무엇인가?
- 상담가에게 기대하는 바는 무엇인가?
- 당신의 문제를 해결하는 첫걸음을 내딛는 데 도움이 되는 것은 무엇인가?
- 전혀 변화 없이 지금과 같은 상황이 계속된다면 어떤 일이 일어나겠는가?
- 이 문제를 영적인 측면에서는 어떻게 해결할 수 있는가?

그러나 아무리 좋은 의도라도 일방적으로 위에서 아래로 지시하는 듯한 조언은 폭력이 될 수 있다. 좋은 상담가는 빈틈없는 전문 지식을 선보이는 사람이 아니다. 좋은 상담가는 상대방의 문제에 위와 같은 질문들을 적절하게 던져 주는 사람이다. 그리고 조언을 구하는 사람이 답을 찾아가는 길에 기꺼이 동행할 준비가 되어 있는 사람이다. 대부분의 사람들이 상담가에게 정말로 원하는 것은 단순히 자기 문제에 대한 해답을 듣는 것이 아니다. 그들은 상담가가 자기를 이해해 주며 자기 말을 진지하게 들어주기를 원한다. 상담가가 만약 어떤 문제에 대해 답을 모르면 솔직하게 모른다고 말해도 된다. "이 상황에 대해 어떻게 조언해야 할지 나는 솔직히 모르겠어요. 하지만 이제 당신 편에서 함께 이 문제를 고민하겠어요." 영혼을 돌보는 일상 상담에서 전문 지식보다 더 중요한 것은 상대방을 위한 기도다.

때로는 기도하는 가운데 당신은 상담에 대한 하나님의 뜻을 발견할 수도 있다. 상담 전문 지식을 갖추는 것에 대해 마음의 부담이 생길 수도 있다. 사람을 상대로 일하는 사람은 끊임없이 배워 가야 한다.

용기를 뺏는 이유 3:

"다른 사람의 문제를 들으면 나는 거기에 너무 깊이 몰입해서 감정적으로 몹시 힘들어진다."

용기를 주는 이유 3:

예수님은 우리의 모든 문제를 짊어지고 사셨다. 매순간 그것을 생각하고 그것을 위해 일하며 고통당하셨다. 그리고 결국 그 문제를 해결하기 위해 자기 생명을 통째로 내어 주셨다. 그분은 하나님 아버지의 영광과 우리의 행복만을 염두에 두셨다. 우리의 아픔을 돌아보신 그 신실하심에 대해 이제는 우리가 응답해야 한다. 주위의 지극히 작은 한 사람의 아픔을 돌아보는 것은 그분께 우리의 신실함을 보여 주는 행위다. 큰 은혜를 입고도 다른 사람을 돌보지 않는 것은 가장 큰 배은망덕이다.
―G. 테르스테겐

다른 사람의 고통을 깊이 느끼고 함께 아파할 수 있다는 것은 당신의 감정 이입 능력이 탁월하다는 사실을 증명한다. 말하자면, 바울이 로마서 12장 15절에서 우리에게 권면한 바와 같이 "즐거워하는 자들과 함께 즐거워하고 우는 자들과 함께 울" 수 있는 능력을 갖춘 것이다. 그것은 바로 상담을 받기 원하는 대부분의 사람들이 원하는 상담가의 자질이기도 하다. 그러므로 상대방의 고통이 당신의 마음에도 고통으로 와 닿는 것은 지극히 바람직하고 정상적인 것이다.

그러나 때로 감당하기 힘들 만큼 깊은 고통을 느낀다면, 상대방의 상처가 당신 자신의 아직 아물지 못한 삶의 어느 한 부분을 건드렸기 때문일 수도 있다. 도움을 바라는 사람의 요구가 밑 빠진 독에 물 붓듯이 과도한 경우일 수도 있다. 그럴 때는 서로를 보호하기 위해 적절한 한계를 설정하는 것이 필요하다. 했던 말을 되풀이하며 몇 시간씩 대화하지 말고, 늦은 밤 시간의 전화 통화도 삼가라. 일주일 내내 부를 때마다 달려 나가는 것도 절제하라. 당신 자신의 한계를 솔직히 인식하고 상대방에게도 그 사실을 분명히 전하라. 그래야 진액이 다 빠져나가 탈진하는 위험을 막을 수 있다. 더 이상 도움을 줄 수 없을 만큼 기력이 쇠약해진 상담가는 비상 브레이크를 작동시켜 상대방과의 교제를 중단해야 한다. 참된 이웃 사랑은 예수님의 말씀대로 건강한 자기 사랑이 전제되어야 하기 때문이다. 남을 돌보는 일에는 자신을 돌보는 일도 포함된다.

용기를 뺏는 이유 4:

"나는 그 문제를 겪어 보지 못했기 때문에 문제 해결에 필요한 도움을 줄 만한 능력이 없다."

용기를 주는 이유 4:

마음속에 싹튼 사랑이 진짜인지 가짜인지는 열매가 증명한다.
그 사랑이 하나님께 영광을 돌리는 것인지 아닌지는
이웃을 대하는 그의 모든 태도와 행동이 생생히 말해 준다.
참된 사랑으로 행하는 사람은
누군가의 사랑을 늘 깊이 갈망하는 한 영혼과 자신을
하나로 느끼게 됨을 경험한다.
―J. M. 지크

모든 어려움을 직접 다 겪어 본 사람은 아무도 없다. 이를테면, 한 번도 우울증을 겪어 본 적 없는 상담가는 우울증을 앓고 있는 사람을 돕기 위해 상대방이 지금 무엇을 필요로 하는지 직접 물어봐도 된다. "오늘은 어떤 도움이 필요하세요? 제가 어떻게 도와드리길 원하세요?" 때로는 좋은 의도였을지라도 당신이 일방적으로 제공한 도움이 상대의 필요와 맞지 않을 수도 있다. 그러나 영혼을 돌보는 일상 상담에서 중요한 것은, 조언을 구하는 사람이 바라는 바를 당신이 할 수 있는 범위 내에서 행하는 것이다. 예를 들면, 상대방은 그저 허물없이 털어놓는 솔직한 대화를 원할 수도 있고, 기도와 말씀으로 격려하고 동행해 주기를 원할 수도 있다. 당신이 그의 문제에 제대로 대처할 수 없다고 느낄지라도 무리할 필요가 없다. 그의 필요를 채워 줄 수 있는 전문적인 능력을 가진 다른 상담가에게 연결시켜 주면 된다.

용기를 뺏는 이유 5:

"우리 교회에는 서로 영혼을 돌보는 상담 분위기가 거의 형성되어 있지 않은 것 같다. 모두 자기만의 세계에 요새를 짓고 들어앉아 있다. 자기 삶을 여는 것에 대한 깊은 두려움이 지배하고 있다."

용기를 주는 이유 5:

> 예수님 안에 지혜와 지식의 온갖 보물이 담겨 있다.
> 내 지혜와 지식이 부족할 때
> 그에게 구하라.
> 풍성히 주실 것이다.
> –G. 테르스테겐

교회의 그런 부족함을 깨달았다는 건 좋은 소식이다. 당신이 변화의 첫걸음이 될 수 있기 때문이다. 물론 용기가 필요하다. 주님께 말할 때와 침묵할 때를 분별할 수 있는 지혜와 용기를 구하고, 당신 삶의 빗장을 열어 사람들과 나누기 시작하라. 당신의 영적 생활에 그들도 참여할 기회를 주라. 닫혀 있던 서로의 마음 문을 좀더 쉽게 열기 위해서는 당신의 영광스러운 승리에 대해서는 우선 좀 미뤄 두고, 지극히 평범한 일상의 소소한 문제나 힘든 시기를 이겨 낸 경험을 먼저 나누는 게 좋다. 그러면 다른 사람들도 자기의 걱정거리를 털어놓을 용기를 얻게 된다.

서로 침묵하기로 맹세한 것처럼 소통이 전혀 없는 교회도 있다. 교회 안의 많은 사람들이 서로에 대해서는 많이 이야기하지만, 서로 함께 (도움을 줄) 대화를 나눌 용기는 내지 않는 경우가 많다. 그럴 때 이 책을 읽은 당신이 먼저 용기를 내어 당신 삶을 열어서 나누기 시작해 보라. 당신의 교회 안에서도 영혼을 돌보는 만남의 문이 열릴 것이다. 이 문을 계속 열어 두기 위해서 무엇보다 중요한 것은, 서로에게 믿고 털어놓은 말은 절대 퍼뜨리지 않는 것이다. 하나님이 우리에게 귀 두 개에 입을 하나만 주신 것은 더 많이 듣고 말은 더 신중하게 하라는 의미다. 그러니 소모임이나 교회 안의 모임에서 당신이 상담한 내용은 절대 다른 사람에게 발설하지 않는다는 것을 분명히 약속하라. 그리고 당신의 교회나 모임 안에서 신뢰를 바탕으로 한 안전한 보호 구역을 만들고 유지하도록 늘 돌보고 노력하라. 그리하면 서로 더욱 마음을 열고 삶을 나누게 될 것이다.

영혼을 돌보는 상담의 열쇠를 예수님은 모든 제자들의 손에 쥐여 주셨다. 믿는 자들은 다 왕 같은 제사장이라는(베드로전서 2:9) 선언 속에는 서로의 영혼을 돌보는 책임도 포함되어 있다. 당신이 영혼을 구원할 수는 없지만, 낙심하고 좌절한 한 영혼이 다시 일어서도록 도울 수는 있다. 하나님 보시기에 그들이 얼마나 귀중한 존재인지를 다시 깨닫도록 격려할 수 있다. 당신의 삶에서 동행하고 위로하며 격려하시는 하나님의 사랑을 더 많이 누릴수록, 당신도 누군가에게 그런 사랑을 기꺼이 나눠 주고 싶어질 것이다. 또한 넉넉히 그 사랑을 나눌 수 있을 것이다. 영혼을 돌보는 일상 상담을 통해서!

생각해 볼 질문

당신이 누군가의 영혼을 돌보는 상담가가 되지 못하도록 방해해 온 문제가 있는가?

있다면 풀어야 할 과제는 무엇이며, 그 문제를 풀기 위해 당신은 어떻게 첫걸음을 내디딜 수 있을까? 아무런 방책도 떠오르지 않는다면, 이 문제에 대해 누구와 의논할 수 있을까?

이 부분에서 당신의 영혼을 돌보는 일상 상담가가 되어 줄 수 있는 사람은 누구인가?

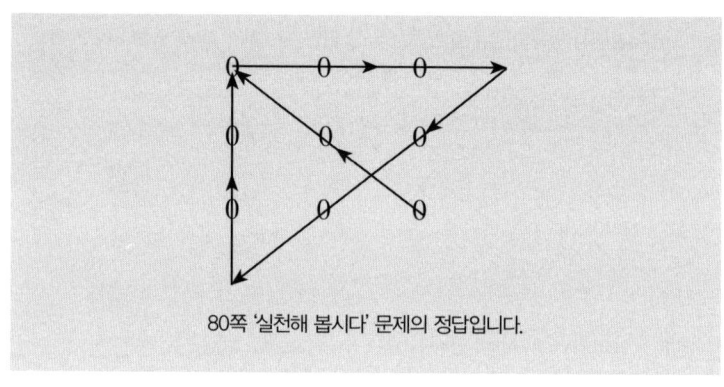

80쪽 '실천해 봅시다' 문제의 정답입니다.

옮긴이 **강미경**은 경북대학교에서 독어독문학 석사 과정을 마치고 독일 에센대학교(Duisburg-Essen Uni.)에서 사회복지학 디플롬 과정을 수료했다. 옮긴 책으로는 「네 모습 그대로 괜찮아」(IVP), 「거룩한 부담, 자녀양육」(아가페북스), 「하나님은 고요할 때 임하신다」(21세기북스), 「이제, 이스라엘을 위로하라」, 「떴다 성막탐험대」, 「우리 결혼 잘될 거야」, 「완벽주의에 작별을 고하다」(이상 토기장이) 등이 있다.

일상 상담

초판 발행_ 2014년 12월 15일
초판 5쇄_ 2024년 2월 5일

지은이_ 카린 아커만 슈톨레츠키
옮긴이_ 강미경
펴낸이_ 정모세

펴낸곳_ 한국기독학생회출판부
등록번호_ 제2001-000198호(1978.6.1)
주소_ 04031 서울 마포구 동교로 156-10
대표 전화_ (02)337-2257 팩스_ (02)337-2258
영업 전화_ (02)338-2282 팩스_ 080-915-1515
홈페이지_ http://www.ivp.co.kr 이메일_ ivp@ivp.co.kr
ISBN 978-89-328-1380-6

ⓒ 한국기독학생회출판부 2014

책값은 뒤표지에 있습니다.
무단 전재와 복제를 금합니다.